確認申請 ［面積・高さ］ 算定ガイド

第2版

ビューローベリタスジャパン株式会社
建築認証事業本部 著

X-Knowledge

はじめに

　建築物を計画するにあたり、建築物の敷地・用途・構造・設備に関して基本となる建築基準法では、その大きさや高さなどの規模に応じて、適用される条文が異なる。規模における制限では、容積・建蔽率、斜線及び日影などの規制がある。その他、法 48 条の用途地域等による建築物の制限においても、面積および階数等によって規制が適用されることになる。

　このように建築物の大きさや高さは、建築基準法全体に関わる重要な事項であり、建築物の設計において正しく算定しなければならない。法 92 条で面積、高さおよび階数の算定の条文があり、それを受けて令 2 条に面積、高さ等の算定方法が定められている。しかし実際には算定にあたり解釈等に苦慮することがあるため、国土交通省から発せられた技術的助言（通達）や特定行政庁の取扱い、日本建築行政会議等が編集した書籍などを基に算定していると思われる。

　本書はこれらの文書や書籍の内容に加え、図解を挿入して分かりやすく丁寧に解説することを重点において執筆したものである。また、今回の改訂に伴い、2019 年以降に改正された建蔽率の緩和・合理化や耐火性能に関する技術的基準の合理化、絶対高さ制限の緩和など、最新の法規制の内容に対応するよう修正を行った。本書が皆様の参考書として使用して頂ければ幸いである。

2023 年 12 月
ビューローベリタスジャパン株式会社
建築認証事業本部

本書は、『最新改訂版　確認申請［面積・高さ］算定ガイド』（2019 年 4 月発行）の内容を見直し、改訂したものです。なお、法改正の内容や条文番号は、2023 年 9 月 1 日時点の情報です。

確認申請
[面積・高さ] 算定ガイド
第2版

目次 | Contents

第1章 面積 007

第2章 高さ 053

本文デザイン　マツダオフィス／カバー・表紙デザイン　若井夏澄 (tri)
DTP　ユーホーワークス／印刷　シナノ書籍印刷

第 1 章 面積

建築面積と床面積の違いが すぐに分かる対照表

建築面積は、建築物の外壁またはこれに代わる柱の中心線で囲まれた部分の水平投影面積（令2条1項2号）をいう。床面積は、建築物の各階またはその一部で壁、その他の区画の中心線で囲まれた部分の水平投影面積をいう（令2条1項3号）。算定する部位は重なるが、それぞれ算定方法が異なる。

たとえば、先端から水平距離1mまでの範囲で建築面積に不算入となるような「外気に十分に開放された」部位でも、屋内的用途の目的で使用される場合、床面積には算入することになる。建築面積と床面積は似かよった用語ではあるが、原則として互いの相関関係はなく、個々に算定されることとなる。

建築面積と床面積の算入範囲の対照表

凡例 ▨：建築面積、床面積に算入する部分

部位	建築面積	床面積
ポーチ 建築面積　18頁参照 床面積　34頁参照	 1m後退した線で囲まれた部分を算定 1m 原則、外壁（柱）の中心から1m以上はね出していれば、先端から1mは不算入となる。柱や構造壁に囲まれた部分はすべて算入する	 柱 シャッター 屋内的用途を目的としないポーチは、原則、不算入。ただし、シャッター等で区画した場合は算入する
吹きさらしの廊下 建築面積　19頁参照 床面積　28頁参照	 1m 「軒、ひさし、はね出し縁その他これに類するもの」（令2条1項2号）と解し、先端から水平距離1mまで不算入となる	 ひさしの端から2m以内の廊下の部分は不算入 屋根のない廊下部分は不算入 廊下 $h_1 \geqq 1.1m$ かつ $h_1 \geqq \frac{1}{2} h_2$ 廊下 隣地境界線 2m　1m [※1] 外気に有効に開放されている部分の高さが1.1m以上、かつ、天井高の1／2以上である廊下は、ひさしの端または手すり芯から2m以内の部分は不算入

※1：特定行政庁によっては50cm以上としているところもある

建築面積と床面積の算入範囲の対照表

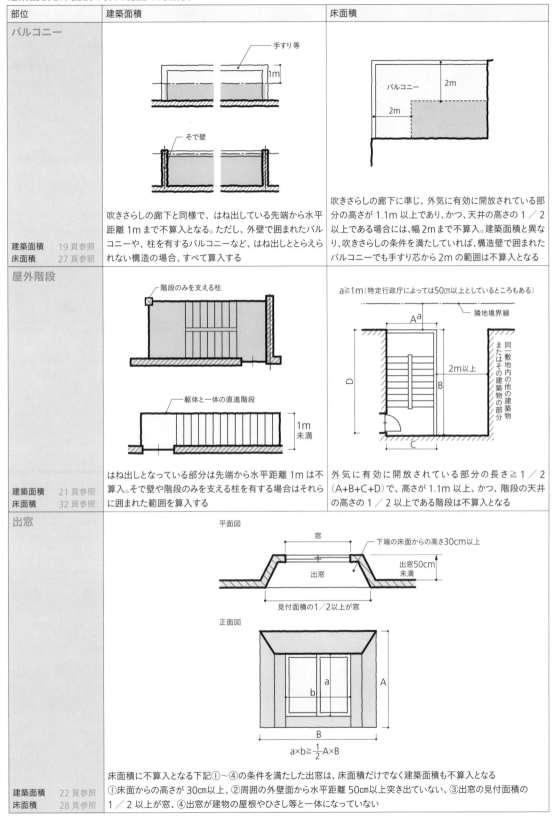

部位	建築面積	床面積
バルコニー	手すり等 / 1m / そで壁 吹きさらしの廊下と同様で、はね出している先端から水平距離1mまで不算入となる。ただし、外壁で囲まれたバルコニーや、柱を有するバルコニーなど、はね出しととらえられない構造の場合、すべて算入する **建築面積** 19 頁参照 **床面積** 27 頁参照	バルコニー / 2m / 2m 吹きさらしの廊下に準じ、外気に有効に開放されている部分の高さが1.1m以上であり、かつ、天井の高さの1／2以上である場合には、幅2mまで不算入。建築面積と異なり、吹きさらしの条件を満たしていれば、構造壁で囲まれたバルコニーでも手すり芯から2mの範囲は不算入となる
屋外階段	階段のみを支える柱 / 躯体と一体の直進階段 / 1m未満 はね出しとなっている部分は先端から水平距離1mは不算入。そで壁や階段のみを支える柱を有する場合はそれらに囲まれた範囲を算入する **建築面積** 21 頁参照 **床面積** 32 頁参照	a≧1m(特定行政庁によっては50㎝以上としているところもある) / 隣地境界線 / A a / D / 2m以上 / B / C / 同一敷地内の他の建築物またはその建築物の部分 外気に有効に開放されている部分の長さ≧1／2(A+B+C+D)で、高さが1.1m以上、かつ、階段の天井の高さの1／2以上である階段は不算入となる
出窓	平面図 / 窓 / 下端の床面からの高さ30cm以上 / 出窓50cm未満 / 出窓 / 見付面積の1／2以上が窓 / 正面図 / a / b / A / B / a×b≧½A×B 床面積に不算入となる下記①～④の条件を満たした出窓は、床面積だけでなく建築面積も不算入となる ①床面からの高さが30㎝以上、②周囲の外壁面から水平距離50㎝以上突き出ていない、③出窓の見付面積の1／2以上が窓、④出窓が建物の屋根やひさし等と一体になっていない **建築面積** 22 頁参照 **床面積** 28 頁参照	

面積

高さ

長さ

階・階数

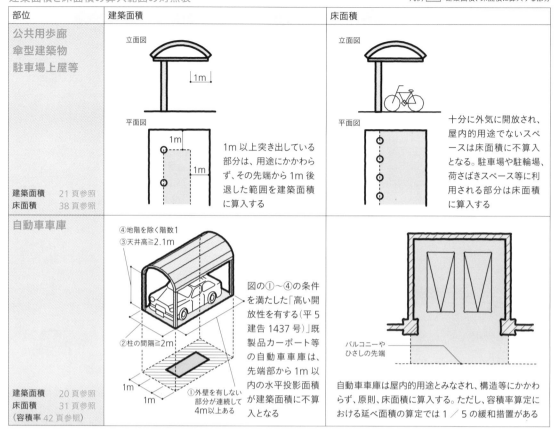

部位	建築面積	床面積
公共用歩廊 傘型建築物 駐車場上屋等 建築面積　21頁参照 床面積　　38頁参照	立面図　1m 平面図　1m　1m 1m以上突き出している部分は、用途にかかわらず、その先端から1m後退した範囲を建築面積に算入する	立面図 平面図 十分に外気に開放され、屋内的用途でないスペースは床面積に不算入となる。駐車場や駐輪場、荷さばきスペース等に利用される部分は床面積に算入する
自動車車庫 建築面積　20頁参照 床面積　　31頁参照 （容積率 42頁参照）	④地階を除く階数1 ③天井高≧2.1m ②柱の間隔≧2m ①外壁を有しない部分が連続して4m以上ある 1m　1m 図の①～④の条件を満たした「高い開放性を有する（平5建告1437号）」既製品カーポート等の自動車車庫は、先端部から1m以内の水平投影面積が建築面積に不算入となる	バルコニーやひさしの先端 自動車車庫は屋内的用途とみなされ、構造等にかかわらず、原則、床面積に算入する。ただし、容積率算定における延べ面積の算定では 1／5 の緩和措置がある

column

建蔽率制限の緩和規定

　建築面積や床面積、敷地面積の算定方法は、集団規定上重要な要素となるのでしっかり押さえておきたい。また、容積率制限や建蔽率制限は基準法の範囲内において都市計画で定められているが、その制限率の緩和や強化規定についても確認しておく必要がある。

　容積率制限は強化規定が多いが、建蔽率に関しては緩和規定が主となる。ここでは建蔽率制限の緩和規定について表にまとめた。

建蔽率制限の緩和規定（建蔽率加算）一覧

	用途地域	1種・2種低層住専、1種・2種中高層住専、工業専用、田園住居地域	1種・2種住居、準住居、準工業	近隣商業		商業	工業	無指定[※2]
基準	指定建蔽率	30、40、50、60	50、60	80	60	80	80	50、60	30、40、50、60、70
緩和	角地緩和[※3]	＋10	＋10	＋10	＋10	＋10	＋10	＋10	＋10
	防火地域内の耐火建築物等	＋10	＋10	制限なし（100%）	＋10	制限なし（100%）	制限なし（100%）	＋10	＋10
	角地緩和＋防火・準防火地域内の耐火・準耐火建築物等	＋20	＋20	制限なし（100%）	＋20	制限なし（100%）	制限なし（100%）	＋20	＋20
	準防火地域内の準耐火建築物等	＋10	＋10	＋10	＋10	＋10	＋10	＋10	＋10

※2：指定建蔽率は、特定行政庁が都市計画審議会の議を経て定める　※3：特定行政庁が施行細則などで指定するが、特定行政庁により指定内容が異なるので注意が必要である

敷地面積の算定方法

敷地面積は建築物の敷地の面積で、土地の表面積ではなく、その水平投影面積である。建物の規模が決まる延べ面積や建築面積は、敷地面積を基準に算定される。敷地が土地のどの範囲まで及ぶか、その定義を含めて十分に理解しておきたい。

法42条2項の道路、いわゆる「みなし道路」のみなし境界線と道の間の部分（セットバック部分）は、道路として利用する部分であり、敷地面積に算入されない（令2条1項1号）。

次に、敷地の範囲について。建築基準法では敷地を「一の建築物又は用途上不可分の関係にある2以上の建築物のある一団の土地」（令1条1号）と定義している。建築物の用途や使用形態と機能上密接に関連した土地を指すもので、土地や建築物の所有権などで判断するものではない。そのため、敷地面積は必ずしも登記簿上の土地面積と同一ではない［※1］が、確認申請時には敷地面積求積図が必要となる。

一敷地となるかどうかは、接道義務や容積率・建蔽率、斜線制限などの集団規定に大きくかかわってくるので注意が必要である。

敷地面積の算定の基本

1 敷地面積は、敷地の水平投影面積により算定する（法92条、令2条1項1号）

2 法42条2項、3項または5項により道路としてみなされる部分は敷地面積に算入しない

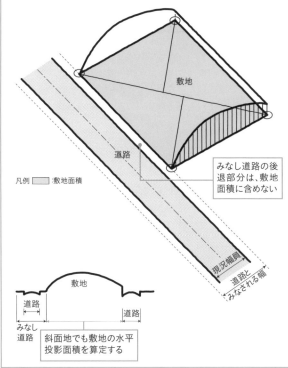

凡例　▨：敷地面積

敷地

道路

みなし道路の後退部分は、敷地面積に含めない

現況幅員
道路とみなされる幅

敷地
道路　　道路
みなし道路

斜面地でも敷地の水平投影面積を算定する

CHECK

セットバックした部分には、法適用前から現存するもの以外は門・塀も建築できない（法44条）。また、当該部分は敷地面積に算入しない（令2条1項1号）。なお、現在みなし境界線から突出しているものは、建て替え時にセットバックさせる。こうした後退部分への建築制限によって、徐々に4m道路が整備されることとなる

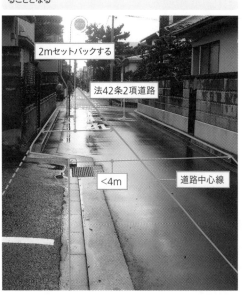

2mセットバックする

法42条2項道路

<4m

道路中心線

※1：敷地境界（線）は、一団の土地と一団の土地の境。一筆（いっぴつ）の土地の公法上の境界である筆界（ひっかい）や所有権・賃借権など私法上の権利の及ぶ範囲と必ずしも一致しない

■ 同一所有者の土地で2以上の建築物がある

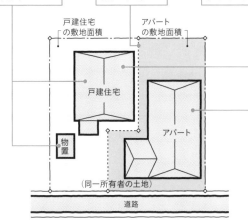

用途上不可分の関係にある2以上の建築物（戸建住宅と物置）

敷地分割線（塀、杭などで境界を明確にする）

用途上可分の関係にある2以上の建築物（戸建住宅とアパート）

戸建住宅の敷地面積

アパートの敷地面積

戸建住宅

物置

アパート

（同一所有者の土地）

道路

同一所有者の土地であっても、用途上可分の関係（たとえば戸建住宅とアパートなど）にある2以上の建築物がある場合には、敷地を分割する。それぞれの建築物に対応する敷地を設定し、敷地面積を算定する。同時にそれぞれの敷地に接道義務が生じる（一団地の認定または連担建築物設計制度を適用した場合を除く）

> 用途上可分であれば同一所有者の土地でも確認申請上の敷地は分割する

MEMO 用途上可分・不可分の違い

用途上可分

相互の建築物が用途上・機能上一体として利用する必要がない場合は用途上可分であり、一の建築物ごとに一敷地を確定する

例）工場・病院等と従業員寮、戸建住宅と戸建住宅

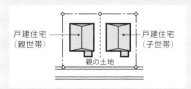

戸建住宅（親世帯）　　戸建住宅（子世帯）

親の土地

用途上不可分

相互の建築物を各棟に敷地分割することで、用途上の機能が満たされない建築物群は、用途上不可分の関係にあるとされる

例）住宅と車庫・物置・離れ等、学校の校舎と体育館等

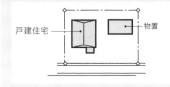

戸建住宅　　物置

---

column

水路等で分断されても「一団の土地」

「一団の土地」の考え方として、福岡高等裁判所の判例で次のような判断が示されている。

「当該建築物と用途上不可分の関係にあり、これと共通の用途に現実に供せられている土地であって、河川、道路囲障等によって隔てられずに、連続した土地をいい、登記簿上の地目、筆数、所有権の有無とは関係なく、客観的に一団の土地をなしていることをもって足りると解するのが相当である」（昭和54年12月13日判決）。

また、敷地の中に公有水路があるときでも、その規模が小さい水路の場合は、橋などによる相互の連絡状況からみて用途上不可分であり、かつ防火上、安全上支障がないかどうかによって一団の土地と認められるか否かを具体的に判断すべきである、という通達（昭和38年8月5日付住指発100号）も出されている。

❶ 水路で分断される場合でも一団の土地として認められる場合

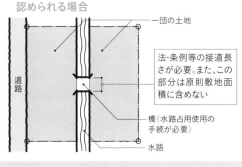

一団の土地

法・条例等の接道長さが必要。また、この部分は原則敷地面積に含めない

橋（水路占用使用の手続が必要）

水路

道路

❷ 一団地認定を受けた場合

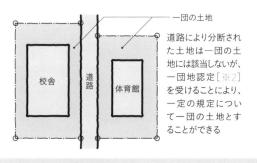

一団の土地

道路により分断された土地は一団の土地には該当しないが、一団地認定［※2］を受けることにより、一定の規定について一団の土地とすることができる

校舎　　道路　　体育館

※2　特定行政庁による法86条1項の認定

行き来できない敷地・路地状部分を有する敷地の算定

❶ 敷地に高低差があり行き来できない場合

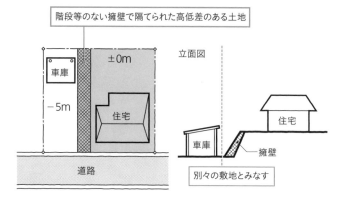

階段等のない擁壁で隔てられた高低差のある土地

±0m

車庫

−5m

住宅

道路

立面図

住宅

車庫 ── 擁壁

別々の敷地とみなす

原則
土地に高低差があり、擁壁等で行き来ができず、機能的に分断されている場合は、一団の土地と判断するのは難しい。別々の敷地とみなし、それぞれの敷地面積を設定することが妥当である

例外
階段等で行き来ができれば一団の土地としてみることも可能

水路や高低差などにより行き来ができない場合は一団の土地とみなせないため、別敷地として扱う

❷ 路地状部分を有する場合

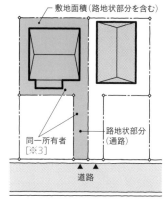

敷地面積（路地状部分を含む）

同一所有者
[※3]

路地状部分
（通路）

道路

路地状部分を有する土地で、その土地に建つ建築物専用の敷地内の通路として路地状部分を使用する場合は、その部分を含めて敷地面積を算定する

❸ 私道を築造した場合

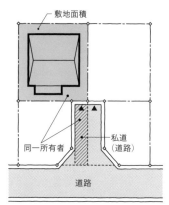

敷地面積

同一所有者

私道
（道路）

道路

②とは異なり、通路となる路地状部分を所有または占有せず、私道（道路位置指定等）を築造した場合には、その私道部分に所有権があったとしても、建築敷地に含めることはできず、その部分を除いて敷地面積を算定する

❹ 橋を有する敷地の場合

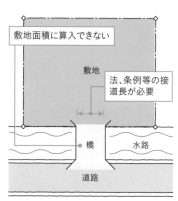

敷地面積に算入できない

敷地

法、条例等の接道長が必要

橋 水路

道路

橋部分の占用許可等や法43条2項の許可等により、橋部分も含めて建築物の敷地と考えることは可能だが、その場合の橋部分は敷地面積には算入できない

❺ 水路等で隔てられている場合

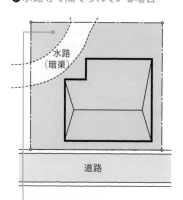

水路
（暗渠）

道路

敷地は、道路・川・水路・囲障などで隔てられている場合には「一団の土地」とみなされない。開渠水路は、原則的には敷地面積から除く

例外
暗渠の場合、半永久的に占用し続けており、実態として敷地の一部として使用していた場合ですでに廃川敷となっているようなときには、暗渠部分の払い下げを受けたり、占用許可を得たりして、敷地面積に算入することが可能であろう

凡例 □：敷地面積に算入する部分

※3：通路部分が同一所有者でなくても、通行地役権の取得や使用貸借契約による通行権の設定によって可能な場合もある

計画道路、隅切り等がある場合の敷地面積算定

❶ 計画道路

凡例　□：敷地面積に算入する部分　□：敷地面積に算入しない部分

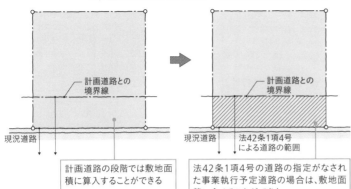

計画道路との境界線

現況道路

計画道路の段階では敷地面積に算入することができる

計画道路との境界線

現況道路　法42条1項4号による道路の範囲

法42条1項4号の道路の指定がなされた事業執行予定道路の場合は、敷地面積に含めることができない

≧4m（6m）

法42条1項4号道路

CHECK

法42条1項4号道路は、都市計画道路で2年以内の事業執行を予定すると特定行政庁が指定した道路（事業執行予定道路）

原則
敷地内に計画道路［※4］がある場合で計画決定のみの場合は敷地面積に算入する。建築基準法上の道路に該当しないためである。また、このとき、前面道路は現況道路となる［※5］

例外
2年以内に事業の執行が予定され、特定行政庁により、法42条1項4号の規定による道路の指定がなされた場合、前面道路は道路の指定範囲までとなる

❷ 道路位置指定等により設けた隅切り

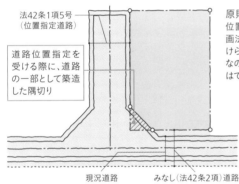

法42条1項5号（位置指定道路）

道路位置指定を受ける際に、道路の一部として築造した隅切り

現況道路　みなし（法42条2項）道路

原則
位置指定道路［※6］や、都市計画法29条の開発許可によって設けられた「隅切り」は道路の一部なので、敷地面積に算入することはできない

❸ 条例等により設けた隅切り

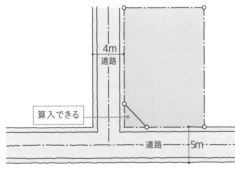

4m道路

算入できる

道路　5m

CHECK

都市計画法にもとづく開発許可を受けて築造した道路（2号道路）ではなく令144条の4で定める基準に適合した道で、特定行政庁の指定を受けたもの

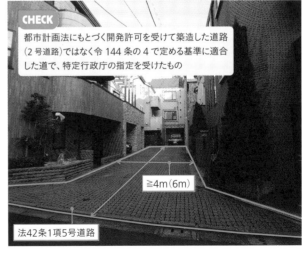

≧4m（6m）

法42条1項5号道路

例外
幅員6m未満の道路が交差する角敷地で、条例等により隅切り部分を道路状に整備し、建築物を突出させないようにしたものは、道路の一部ではないので、敷地面積に算入できる（東京都安全条例2条など）

※4：将来、道路として整備することを都市計画で定めた施設（都市計画法11条）　※5：計画道路内に建築物を建てる場合は、都市計画法53条の許可が必要となる
※6：都市計画法等によらないで、道を築造し、特定行政庁から指定を受けたもの

計画道路等の許可を受けた場合の敷地面積算定

❶ 計画道路を容積率算定の前面道路とする場合

（通常の敷地）

計画道路との境界線

現況道路

この部分も敷地面積に算入する

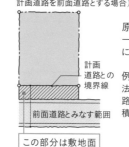
（法52条10項の許可を受けて、計画道路を前面道路とする場合）

計画道路との境界線

前面道路とみなす範囲

この部分は敷地面積に算入できない

原則
一般に、計画道路となる部分は敷地面積に算入することができる

例外
法52条10項による許可を受けて、計画道路を前面道路としてみなす場合は敷地面積に算入しない

> **MEMO** 壁面線による容積率の緩和
>
> 住居系地域で壁面線の指定や壁面の位置の制限がある場合、許可を要せず通常の確認で壁面線等から道路境界線までを前面道路とみなすことができる。容積率の限度は、道路幅員に0.6を乗じた数値以下（法52条12項）。また、この場合にも壁面線等までの部分は敷地面積から除外される（法52条13項）

❷ 壁面線が敷地内にある場合

（通常の壁面線）

壁面線

前面道路

この部分も敷地面積に算入する

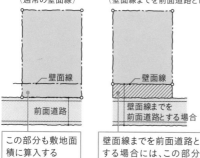
（壁面線までを前面道路とした場合）

壁面線

壁面線までを前面道路とする場合

壁面線までを前面道路とする場合には、この部分は敷地面積に算入しない

原則
敷地内に壁面線[※7]の指定がある場合には、建築物は壁面線に沿って建築するが、道路と壁面線の間の部分を敷地面積に算入する

例外
法52条11項により許可を受けて、その壁面線の位置まで前面道路とみなす場合は、道路と壁面線の間の部分は敷地面積に算入できない

凡例 〔 〕:敷地面積に算入する部分
〔////〕:敷地面積に算入しない部分

地区計画や再開発事業、開発行為等により設けた公園、街路等

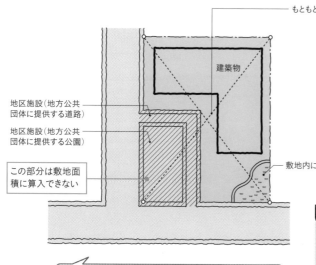

もともとの敷地（再開発事業の区域）

建築物

地区施設（地方公共団体に提供する道路）

地区施設（地方公共団体に提供する公園）

この部分は敷地面積に算入できない

敷地内に設けた緑地

地区計画や再開発事業、開発行為等で設けられる公園や街路、緑地等で特定行政庁へ移管しなければならないものや、道路に付属し道路区域に編入されるものについては、敷地面積から除外する。ただし、敷地内に設ける緑地や遊び場などは、敷地面積に算入して差し支えない

凡例 〔 〕:敷地面積に算入する部分
〔////〕:敷地面積に算入しない部分

> **MEMO** 公共施設となるものは敷地面積に不算入
>
> ・「都市施設」として整備された道路、都市高速鉄道、駐車場、自動車ターミナルその他交通施設備（都計法11条1項）
> ・街区内の居住者等の利用に供される道路、公園など「地区施設」として整備されたもの（都計法12条の5第2項）
> ・都市再開発法2条4号により整備された道路、公園、広場その他政令で定められた公共施設

特定行政庁の認定を受けた場合、容積率の限度を超えられる！

※7：壁面線とは街区内における建築物の位置を整え、その環境の向上を図るために必要があると認める場合に、特定行政庁が建築審査会の同意を得て指定するもの（法46条）。壁面線を越えて建築物の壁もしくはこれに代わる柱または高さ2mを超える門もしくは塀を建築できない（法47条）

特殊な敷地における敷地面積の算定方法

❶ 道路区域内の自転車駐輪場のケース

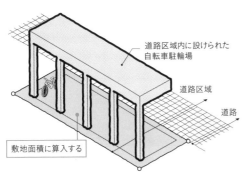

道路区域内に設けられた
自転車駐輪場

道路区域

道路

敷地面積に算入する

通行に支障がないアルコーブ状の自転車駐輪場は、一般の建築敷地と同様の扱いになる

❷ 寺院に付属する墓地等のケース

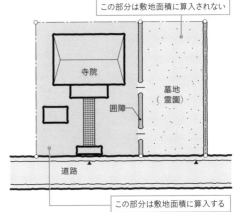

この部分は敷地面積に算入されない

寺院

墓地
（霊園）

囲障

道路

この部分は敷地面積に算入する

寺院に付属する墓地等、囲障等により明確に区画されるものは、別の敷地とみなし、敷地面積を設定することが妥当である

❸ 鉄道上空等のケース

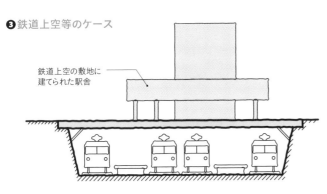

鉄道上空の敷地に
建てられた駅舎

駅舎等の建築物が上部を覆っている土地や、低層部に面的に人工地盤を設けた土地については、機能上、安全上必要と認められる範囲を敷地として取り扱うべきであろう

凡例 □：敷地面積に算入する部分

---

column

敷地面積を正確に算定するための注意点

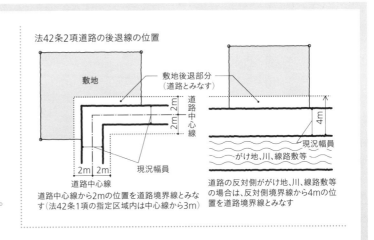

法42条2項道路の後退線の位置

敷地

敷地後退部分
（道路とみなす）

2m 2m

2m

道路中心線

現況幅員

2m 2m

道路中心線

道路中心線から2mの位置を道路境界線とみなす（法42条1項の指定区域内は中心線から3m）

4m

現況幅員

がけ地、川、線路敷等

道路の反対側ががけ地、川、線路敷等の場合は、反対側境界線から4mの位置を道路境界線とみなす

建築確認の審査は申請図書に基づいてなされるため、申請図書に記載された敷地面積で法令に適合すれば、確認は下りるものである。しかし、実際の敷地面積が小さいことが判明し、建築物が容積率等の制限に適合しない場合には、違反建築物として処分されたりすることとなる。

このような事態を避けるためには、敷地面積の求積に正確さが求められる。したがって、資格のある測量士によってなされるのが望ましい。

特に、法42条2項道路で敷地の後退がある場合は、道路中心線や後退線の位置について特定行政庁と協議し、位置指定道路については指定図を確認し、道路境界線の位置について確認申請提出前に十分に調査しておくことが必要だ。

吹きさらしバルコニーでも構造により算入・不算入が分かれる建築面積

建築面積は、建蔽率に関係するほか、建築物の高さや階数の算定にもかかわる［※1］。建築面積は「建築物が敷地をどの程度覆っているか」を示す規定である。原則として、「建築物の外壁又はこれに代わる柱の中心線で囲まれた部分の水平投影面積」を算定する。

例外として、以下の部分は建築面積に算入しない。①地盤面上に1m以下しか出ていない建築物の地階の部分、②外壁・柱の中心線から1m以上突き出ている

軒、ひさし、はね出し縁等の先端から1mの部分（令2条1項2号）、③大臣が高い開放性を有すると認めて指定する建築物で、その先端から1m以内の部分（平5建告1437号）。ただし、②には例外があり、はね出したバルコニー等でも、両側にそで壁や柱があるような場合は、はね出し部分ととらえられず、すべて建築面積に算入する。構造によって②の取扱いが分かれるので事前の確認が必要である。

建築面積の算定の基本

1 建築面積は、建築物の外壁またはこれに代わる柱の中心線で囲まれた部分の水平投影面積（令2条1項2号）

2 建築物の地階で地盤面［※2］から1m以下の部分は建築面積に算入しない

3 外壁（柱）の中心線から1m以上突き出した軒、ひさし等は先端から水平距離1m差し引いた残りの部分を建築面積に算入

4 トラックからの積み下ろし作業などを目的に設置された一定の要件に該当するひさし等［※3］については、1mを超えて最大5mまで建蔽率算定時の建築面積に算入しない

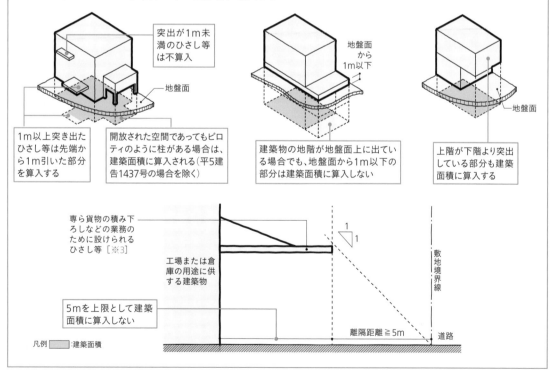

突出が1m未満のひさし等は不算入

地盤面

1m以上突き出たひさし等は先端から1m引いた部分を算入する

開放された空間であってもピロティのように柱がある場合は、建築面積に算入される（平5建告1437号の場合を除く）

地盤面から1m以下

建築物の地階が地盤面上に出ている場合でも、地盤面から1m以下の部分は建築面積に算入しない

地盤面

上階が下階より突出している部分も建築面積に算入する

専ら貨物の積み下ろしなどの業務のために設けられるひさし等［※3］

工場または倉庫の用途に供する建築物

5mを上限として建築面積に算入しない

敷地境界線

離隔距離≧5m

道路

凡例 ▨：建築面積

※1：屋上に突出する階段室や昇降機塔等で、水平投影面積が建築面積に対して1／8以下のものは建築物の高さに算入しないという規定（令2条1項6号）や、昇降機塔等で水平投影面積が建築面積に対して1／8以下のものは階数に算入しない（令2条1項8号）、などの規定である　※2：建築物の地面と接する位置の高低差が3mを超える場合は、3m以内ごとに領域を設定し、その領域内の平均の高さを地盤面とする（令2条2項）　※3：ひさし等の端から敷地境界線までの水平距離が5m以上であること。ひさし等の高さは、当該部分から敷地境界線までの水平距離に相当する距離以下とすること。ひさし等の全部が不燃材料でつくられていること。ひさし等の上部に上階を設けないこと（非常用進入口、室外機置き場等は可）。不算入となるひさし等の合計面積は、当該敷地の建築可能面積（敷地面積×当該敷地の建蔽率）の1／10以下とすること

はね出し玄関・ポーチの建築面積算定

❶ 算定の基本

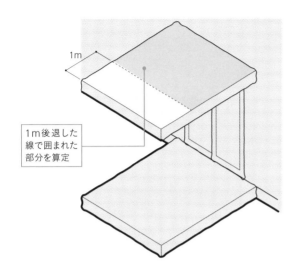

1m後退した
線で囲まれた
部分を算定

原則
玄関のひさし、ポーチのはね出し部分が1m以
上突き出ている場合は、先端から1m後退し
た線で囲まれた部分を建築面積に算入する

例外
図中②のように柱等がある場合はその中心線
で囲まれた範囲を算定するが、柱等の位置に
よって算入する範囲が異なる

❷ 柱等があるケース

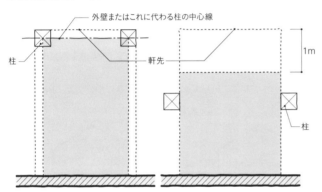

外壁またはこれに代わる柱の中心線

柱

軒先

1m

柱

❸ 柱等が片側にあるケース

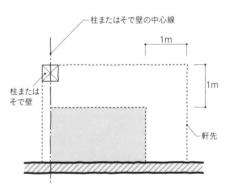

柱またはそで壁の中心線

1m

1m

柱または
そで壁

軒先

❹ 3面壁に囲まれたケース・入隅部のポーチ

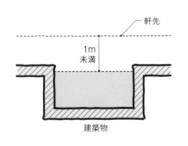

軒先

1m
未満

建築物

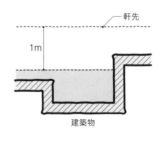

軒先

1m

建築物

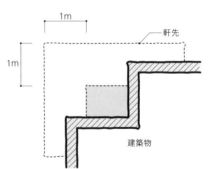

1m

軒先

1m

建築物

吹きさらしの廊下・バルコニーの建築面積算定

❶ 基本

凡例 ▨ :建築面積に算入される部分

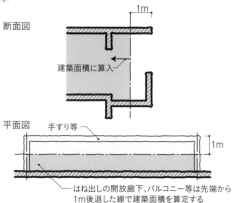

断面図

建築面積に算入

1m

原則
吹きさらしの廊下、バルコニー等は令2条1項2号に掲げる「軒、ひさし、はね出し縁その他これらに類するもの」と解し、先端から水平距離1mまでは建築面積に算入しない

平面図

手すり等

1m

はね出しの開放廊下、バルコニー等は先端から1m後退した線で建築面積を算定する

例外
ただし、外壁で囲まれた凹状の吹きさらしの廊下やバルコニーなど、はね出しととらえられないものは建築面積に算入される

❷ 例外

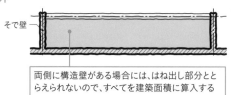

そで壁

両側に構造壁がある場合には、はね出し部分ととらえられないので、すべてを建築面積に算入する

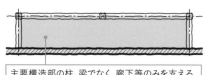

主要構造部の柱、梁でなく、廊下等のみを支える柱であっても、柱がある場合には、はね出し部分ととらえられない。すべてを建築面積に算入する

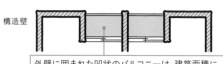

構造壁

外壁に囲まれた凹状のバルコニーは、建築面積に算入される

住戸 | 住戸 | 住戸 | 住戸 | 住戸 | 住戸

3方が壁で囲まれた吹きさらしの廊下は建築面積に算入される

はね出しととらえられない構造の場合、建築面積に算入される！

❸ 入隅部

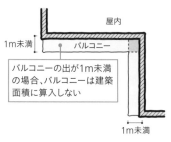

屋内

1m未満

バルコニー

バルコニーの出が1m未満の場合、バルコニーは建築面積に算入しない

1m未満

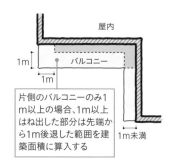

屋内

1m

1m

バルコニー

片側のバルコニーのみ1m以上の場合、1m以上はね出した部分は先端から1m後退した範囲を建築面積に算入する

1m未満

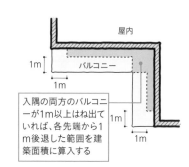

屋内

1m

1m

バルコニー

入隅の両方のバルコニーが1m以上はね出ていれば、各先端から1m後退した範囲を建築面積に算入する

1m

1m

❹ スノコ床のケース

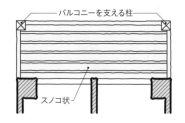

バルコニーを支える柱

スノコ状

バルコニーのみを支える小規模な柱のあるスノコ床のバルコニーの建築面積については、特定行政庁により取扱いが異なる

高い開放性を有する建築物の建築面積算定

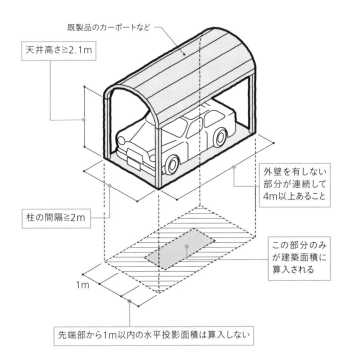

既製品のカーポートなど

天井高さ≧2.1m

柱の間隔≧2m

外壁を有しない部分が連続して4m以上あること

この部分のみが建築面積に算入される

1m

先端部から1m以内の水平投影面積は算入しない

国土交通大臣が認めて指定する「高い開放性を有する構造の条件」を満たせば、端から1m以内の部分は建築面積に算入しない（平5建告1437号）。住宅に付属するカーポートやポーチ等がこれにあたることが多い

MEMO 高い開放性を有する構造の条件
1：外壁を有しない部分（が連続して）≧4m
2：柱の間隔≧2m
3：天井高≧2.1m
4：地階を除く階数=1

床面積の算定方法とは異なるので注意！

❶ 外壁を有しない部分が連続して4m以上であるケースの算定例

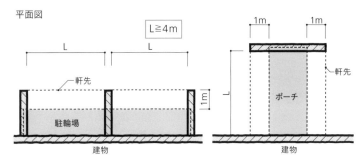

平面図

L≧4m

L　L

軒先

1m

駐輪場

建物

1m　1m

軒先

ポーチ

L

建物

❸ 柱の間隔が2m以上あるケースの算定例

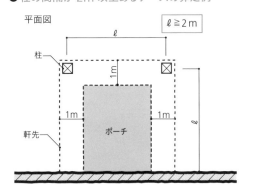

平面図

ℓ≧2m

柱

ℓ

1m

1m　1m

ℓ

軒先

ポーチ

❷ 天井の高さが2.1m以上あるケースの算定例

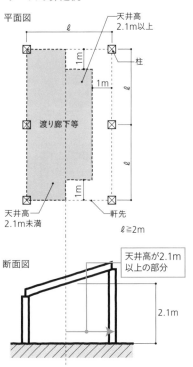

平面図

天井高2.1m以上

ℓ

1m

柱

1m

ℓ

渡り廊下等

ℓ

1m

天井高2.1m未満

軒先

ℓ≧2m

断面図

天井高が2.1m以上の部分

2.1m

凡例 ▭：建築面積に算入する部分

屋外階段の建築面積算定

❶ 1 本の柱＋1 つのそで壁で支える場合

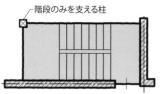

階段のみを支える柱

❷ 2 つのそで壁で支える場合

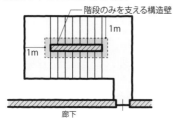

階段のみを支えるそで壁

❸ そで壁も階段も外の場合

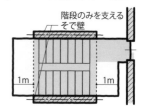

階段のみを支える
そで壁

1m　　1m

❹ 階段の中心に壁がある場合

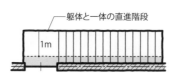

階段のみを支える構造壁

1m

1m

廊下

❺ 4 本の柱で支える場合

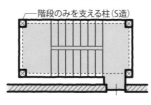

階段のみを支える柱（S造）

❻ 階段の中心に壁と柱がある場合

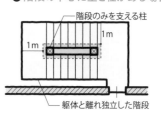

階段のみを支える柱

1m

躯体と離れ独立した階段

❼ はね出した階段の場合Ⅰ

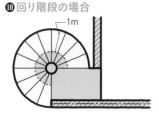

躯体の外壁

1m

住戸

❽ はね出した階段の場合Ⅱ

躯体と一体の直進階段

1m

❾ 柱＋はね出した階段の場合

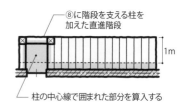

⑧に階段を支える柱を
加えた直進階段

1m

柱の中心線で囲まれた部分を算入する

❿ 回り階段の場合

1m

屋外階段は先端から1m後退
した部分を建築面積に算入
する。階段を支える柱や壁が
あるものは、その柱や壁に囲
まれた部分を算入する

> 階段のみを支える柱やそで壁
> 等が取り付いた屋外階段は建
> 築面積に算入される！

凡例 ▢：建築面積に算入する部分

公共用歩廊・傘型建築物・駐車場上屋等の建築面積算定

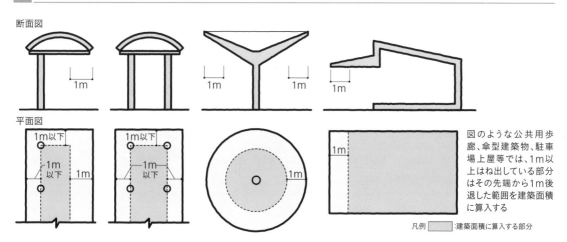

断面図

1m　　1m　1m　1m　1m

平面図

1m以下　　1m以下
1m以下　1m　　1m以下　1m
　　　　　　　　　　　　1m

1m

図のような公共用歩
廊、傘型建築物、駐車
場上屋等では、1m以
上はね出している部分
はその先端から1m後
退した範囲を建築面積
に算入する

凡例 ▢：建築面積に算入する部分

出窓の建築面積算定

断面図

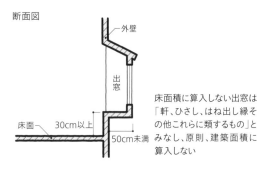

外壁

出窓

床面

30cm以上

50cm未満

床面積に算入しない出窓は
「軒、ひさし、はね出し縁その他これらに類するもの」と
みなし、原則、建築面積に
算入しない

正面図

周囲の
外壁部

窓 b ／ a

出窓

A

B

$a \times b \geqq \dfrac{1}{2} A \times B$

MEMO 建築面積（床面積）に算入されない出窓の条件

1：床面からの高さが30cm以上
2：周囲の外壁面から水平距離50cm以上突き出ていない
3：出窓の見付け面積の1／2以上が窓、そのほか、出窓が建物の
屋根やひさし等と一体となっていないこと、出窓下部に戸袋等を設け
ないことが条件となっている

パイプシャフト等の建築面積算定

❶ 外部設備配管カバー外付けの場合

平面図

建物

外部設備
配管カバー

断面図

2階部分

懐

1階部分

外部設備
配管カバー

❷ ボンベ収納庫

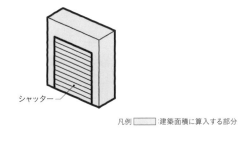

シャッター

凡例 ▭：建築面積に算入する部分

建物の外部に取り付くパイプシャフトは建築面積に算入される。また、
ボンベを4～6本収納する既製品の鋼板製ボンベ収納庫も屋根と壁が
あるため建築面積に算入される

自走式自動車車庫の建築面積算定

1 傾斜路
上部に屋根を設けず、かつ、下部を
外壁等で囲わない場合には建築面
積に算入しない

2 突き出し部分
1階の外壁または柱よりはね出し
ている場合には先端から1m以内
の部分は建築面積に算入しない
（平3住指発210号）

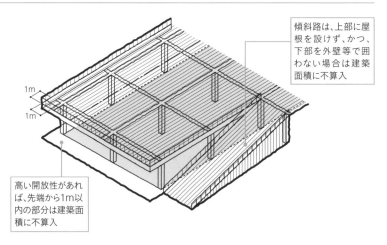

1m

1m

傾斜路は、上部に屋
根を設けず、かつ、
下部を外壁等で囲
わない場合は建築
面積に不算入

高い開放性があれ
ば、先端から1m以
内の部分は建築面
積に不算入

凡例 ▭：建築面積に算入する部分
　　 ▢：建築面積に算入しない部分

築造面積は
工作物の水平投影面積

築造面積とは、建築物には該当しない工作物に対しての面積で、原則として工作物の水平投影面積により算定する（令2条1項5号）。

自動車車庫の床面積制限のある用途地域の場合は、建築物としての床面積に屋外機械式駐車装置等の工作物の築造面積を加算し判断される。また、工作物の確認申請が必要である製造施設や貯蔵施設、遊戯施設等のうち、防火地域および準防火地域以外においての増築等の確認申請が不要となる面積（10㎡以内）は、この築造面積で判断される（法88条2項）。

築造面積の算定の基本

❶ 基本
機械や装置等の築造面積は算定しにくいが、一般にはそれら機械や装置本体の水平投影面積またはそれらを支えている架台等の水平投影面積や土間コンクリート打ち部分の面積などで算定する

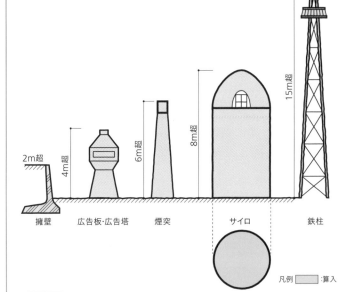

2m超　擁壁
4m超　広告板・広告塔
6m超　煙突
8m超　サイロ
15m超　鉄柱

凡例 ▢：算入

❷ 機械式駐車装置の築造面積

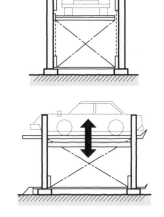

自動車車庫の用途に供する工作物で機械式駐車装置［※1］を用いるものの築造面積は、15m²に収容台数を乗じて算定する（昭50建告644号）

> 工作物に該当する自動車車庫は、築造面積の規模で用途制限が適用される

MEMO 確認申請が必要な主な工作物（令138条）

1：擁壁：高さ＞2m（1項5号）［※2］
2：広告塔、広告板、装飾塔、記念塔等：高さ＞4m（1項3号）
3：煙突：高さ＞6m（1項1号）
4：高架水槽、サイロ、物見塔等：高さ＞8m（1項4号）
5：鉄筋コンクリートの柱、鉄柱、木柱：高さ＞15m（1項2号）
6：政令で定める昇降機、ウォーターシュート、飛行塔（2項）
7：用途地域制限の適用を受ける製造施設等（3項1号）
8：用途地域制限の適用を受ける自動車車庫（3項2号）
9：サイロ等の貯蔵施設：高さ＞8m（3項3号）

1 工作物の築造面積は、原則として工作物の水平投影面積（令2条1項5号）

2 国土交通大臣が別に算定方法を定めた工作物は、その算定方法による（たとえば工作物に該当する自動車車庫等）

※1：屋外に設ける機械式駐車装置であっても、高さが8mを超えると、工作物ではなく建築物とみなす場合が多い　※2：以下の規定による許可を受けなければならない場合の擁壁については対象外。宅地造成及び特定盛土等規制法12条1項、16条1項、30条1項もしくは35条1項、都市計画法29条1項もしくは2項もしくは35条の2第1項本文、特定都市河川浸水被害対策法57条1項もしくは62条1項または津波防災地域づくりに関する法律73条1項もしくは78条1項

算定方法に個別解釈が
まだまだ多い床面積

床面積は、容積率算定のみならず特殊建築物に指定される条件となるほか、階段の数、防火区画や内装制限、採光・排煙に至るまで、法令による種々の制限内容を決定する重要な数値である。

床面積は建築物内部の空間のある部分（各階またはその一部）の規模を示す用語である［※1］。条文では「〜の用途に供する部分の床面積」「〜の階の床面積」「〜の居室の床面積」というように、特定の階または特定の部分に限定して用いられている。

それにより、各規定の実効性を確保するために、同一建築物の部分の床面積についても、画一的に算定できない場合も存在する。

床面積の算定については、「建築物の各階又はその一部で壁その他の区画の中心線で囲まれた部分の水平投影面積による」と定義されている（令2条1項3号）。

しかし、その定義だけでは算入部分を判断しにくい部位が多く、個々の具体的な事例についての判断が分かれたり、自然条件や市街地の状況などによって独自の判断基準を定めたりすることが多かった。

そのため、昭和61年に通達が出され、ピロティ、バルコニー、吹きさらしの廊下、屋外階段、出窓等の判断基準が示された（建設省住指発115号）。さらに解説書『床面積の算定方法の解説』［※2］が出されたことにより、特定行政庁の判断の統一も図られてきている。

しかし、建築物の形態などによって、その都度個別に解釈されているのが実情であるため、いまだに具体的な事例において判断が分かれることは多い。

床面積に算入しない吹きさらしの廊下や屋外階段の条件となる隣地境界線からの水平距離や、コの字形・ロの字形のバルコニーの対向距離などは特定行政庁により定める数値が異なっている。ここでは、一般的な床面積の算定方法について具体例を挙げて解説する。

床面積の算定の基本

1　床面積の算定は、建築物の各階またはその一部で壁、扉、シャッター、手すり、柱等の区画の中心線で囲まれた部分の水平投影面積

2　屋外部分とみなされる部分（屋内的用途を目的としないポーチ、公共用歩廊、ピロティ、バルコニー、吹きさらしの片廊下、屋外階段等）は床面積に算入しない

3　屋内的用途とは、居住、執務、作業、集会、娯楽、物品の陳列、保管または格納その他の利用をいい、駐車場および駐車のための車路等も含まれると考えられる（令2条1項3号、昭39住指発26号）

床面積は建築物の特定の階（部分）の水平投影面積

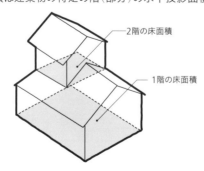

2階の床面積

1階の床面積

※1　建築基準法施行令2条1項3号の「床面積」と、建物の表示登記申請の際の建物の「床面積」の算定方法は異なる　※2　建設省住宅局建築指導課監修、(社)日本建築士事務所協会連合会・(社)日本建築士会連合会刊

区画の中心線の設定方法①

❶ 木造の建築物

木造建築物では原則として主要な構造部材の中心線でとる

イ）在来軸組構法（真壁構造）

中心線

軸組構法の場合は柱の中心線でとる

ロ）在来軸組構法（大壁構造）

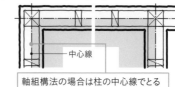

中心線

軸組構法の場合は柱の中心線でとる

ハ）枠組壁工法

枠組材

中心線

枠組壁工法の場合は壁を構成する枠組材の中心線でとる

ニ）丸太組工法

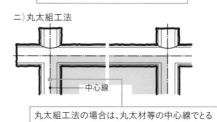

中心線

丸太組工法の場合は、丸太材等の中心線でとる

ホ）仕上げ材についての考え方

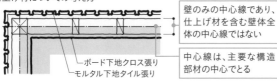

ボード下地クロス張り
モルタル下地タイル張り

壁のみの中心線であり、仕上げ材を含む壁体全体の中心線ではない

中心線は、主要な構造部材の中心でとる

❷ RC 造、SRC 造等の建築物

RC造やSRC造の建築物では、主要な構造躯体（RC造、PC造の壁体）の中心線でとる

イ）一般的な壁の場合

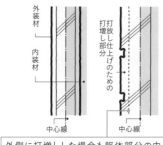

外装材
内装材
打放し仕上げのための打増し部分
中心線
中心線

外側に打増しした場合も躯体部分の中心線でとる

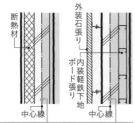

断熱材
外装石張り
ボード下地内装軽鉄張り
中心線
中心線

内外装の仕上げ材により壁全体の厚みが変化するが、壁全体の中心ではなく、構造躯体の中心でとる

ロ）地下室の2重壁の場合

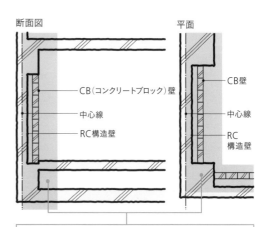

断面図　平面

CB（コンクリートブロック）壁
中心線
RC構造壁

CB壁
中心線
RC構造壁

地下室等で外部からの漏水を防ぐために設けられた2重壁における区画の中心線の考え方は、主要な構造躯体であるRC壁の中心とするのが妥当であろう。内側のCB壁は構造躯体ではなく、構造躯体と一体となっているとも考えにくいためである（CB壁がない場合もある）。ただし排煙や採光を考える際に内部空間の面積として、内側のCB壁の中心で室の有効面積を算出するのは、差し支えないと考えられる

面積

高さ

長さ

階・階数

区画の中心線の設定方法②

❸ 鉄骨造の建築物

鉄骨造の場合は、柱等の軸組にパネルを取り付ける工法が一般的なので、外壁部分を構成するこれらのパネルの中心線でとる。薄いパネルの場合にはそれを取り付ける胴縁の中心線でとる

凡例 ▨:床面積に算入する部分　□:床面積に算入しない部分

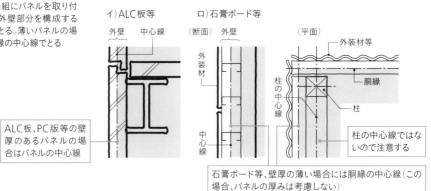

イ) ALC板等

ALC板、PC版等の壁厚のあるパネルの場合はパネルの中心線

ロ) 石膏ボード等

柱の中心線ではないので注意する

石膏ボード等、壁厚の薄い場合には胴縁の中心線 (この場合、パネルの厚みは考慮しない)

❹ CB造、組積造の建築物での中心線のとり方

CB造、組積造の場合には、外壁等の主要な構造躯体の中心線でとる

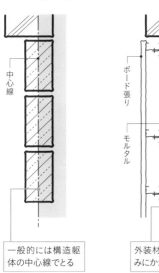

一般的には構造躯体の中心線でとる

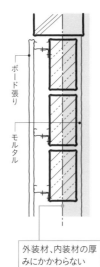

外装材、内装材の厚みにかかわらない

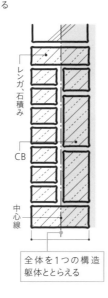

全体を1つの構造躯体ととらえる

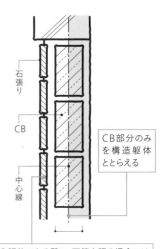

CB部分のみを構造躯体ととらえる

構造躯体である壁に、石等を張る場合には構造躯体の壁の中心線で差し支えないが、石積みとCB壁が一体で構造躯体をなしている場合には全体の壁の中心をとる

❺ エキスパンションジョイントがある場合

エキスパンションジョイントにより双方の壁が接している場合は、エキスパンションジョイントと接続部分の壁とを合わせた部分を1つの区画とみなすものとする。したがって、各階において当該区画の中心で囲まれた部分を、床面積の対象として算入する

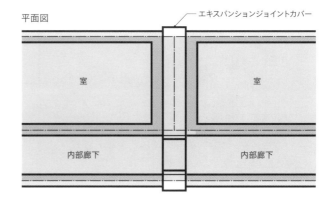

平面図

エキスパンションジョイントカバー

室　　室

内部廊下　　内部廊下

■ バルコニー・ベランダの床面積算定

❶基本

イ）平面図

凡例 ▨:床面積に算入する部分

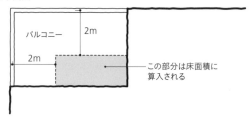

この部分は床面積に算入される

> 建築面積と異なり、吹きさらしの条件を満たしていれば、構造壁で囲まれたバルコニーでも先端から2mの範囲は算入されない！

❷各種バルコニーの例

イ）ケースⅠ

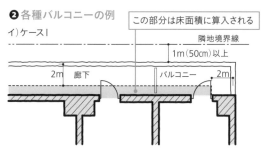

この部分は床面積に算入される

通常のはね出し型のバルコニー・廊下は、手すり壁、RC腰壁にかかわらず、吹きさらしの要件を満たせば、幅2mまで床面積に算入しない

ロ）ケースⅡ

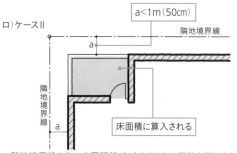

a<1m（50cm）

床面積に算入される

隣地境界線からの水平距離が、吹きさらしの要件を満たさない場合には、その部分は算入される

ハ）ケースⅢ

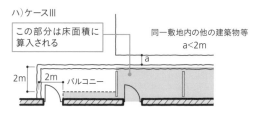

この部分は床面積に算入される

同一敷地内の他の建築物等 a<2m

同一敷地内のほかの建築物、またはその建築物のほかの部分からの対向距離が吹きさらしの要件を満たさない場合には、その部分は算入される

ニ）ケースⅣ

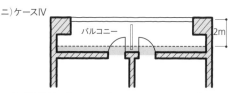

主要構造部の柱、梁に固まれたバルコニーは、一般的には屋内部分として床面積に算入されるが、外気に十分開放され吹きさらしの要件を満たす場合には、床面積に算入しない。ただし、特定行政庁によりさらに基準を定めている場合がある

ホ）ケースⅤ

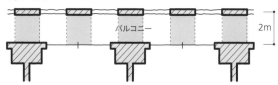

外気に十分開放された部分と開放されていない部分とがある場合は、開放されていない部分のバルコニー・廊下の部分のみが床面積に算入される。ただし、軽微なものは床面積に算入されないと考えられる

ヘ）ケースⅥ

防風スクリーン

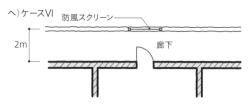

玄関出入口前に防風スクリーン等がある場合、必要最小限であれば開放された部分とみなし、床面積に算入されないと考えられる

ト）ケースⅦ

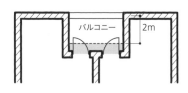

壁構造の柱、梁、壁に囲まれたバルコニーでも、吹きさらしの要件を満たす場合には、通常、床面積に算入されない

チ）ケースⅧ

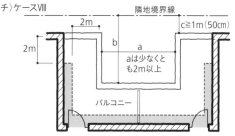

隣地境界線 c≧1m（50cm）

aは少なくとも2m以上

コの字形、ロの字形バルコニーの場合には、閉鎖性が高いため特定行政庁によって対向距離を定めている場合があるので、注意を要する

吹きさらしの廊下の床面積算定

❶ 吹きさらしの廊下の定義

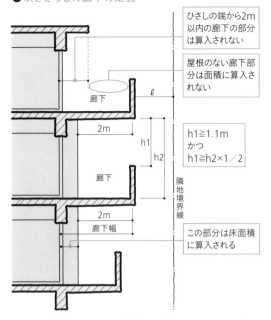

ひさしの端から2m以内の廊下の部分は算入されない

屋根のない廊下部分は面積に算入されない

$h1≧1.1m$ かつ $h1≧h2×1／2$

この部分は床面積に算入される

吹きさらしの廊下については、「外気に有効に開放されている部分の高さが1.1m以上であり、かつ天井の高さの1／2以上である廊下については幅2mまでの部分は床面積に算入しない」とされている

❷ 隣地境界線からの距離の考え方

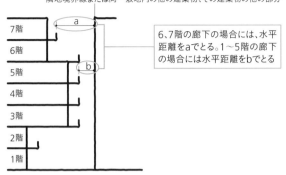

隣地境界線または同一敷地内の他の建築物、その建築物の他の部分

6、7階の廊下の場合には、水平距離をaでとる。1〜5階の廊下の場合には水平距離をbでとる

「外気に有効に開放されている部分」の検討にあたって、隣地との距離または同一敷地内の他の建築物および同一建築物の他の部分との距離の算定は、その廊下より上階の最も短い水平距離で行う。隣地が公園、水面等で将来にわたって空地として担保されるような場合には、道路と同様に境界線からの距離を考慮しなくても差し支えないと考えられる

MEMO 手すりがある場合のh₁の考え方

付属手すり等のある場合は h_1 の高さは原則、イ）のように手すりの上からと考えられる。ただし、特定行政庁によってはロ）のように手すりの取り付け位置から算定する場合もある

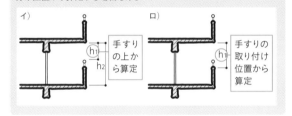

イ） 手すりの上から算定

ロ） 手すりの取り付け位置から算定

出窓の床面積算定

❶ 基本

床面積に算入されない出窓の条件は、床面から30cm以上高く、外壁から50cm以上突き出ておらず、窓が出窓の見付け面積の1／2以上あること

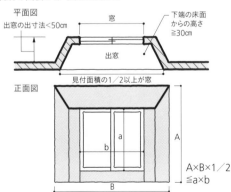

平面図
出窓の出寸法<50cm
窓
下端の床面からの高さ≧30cm
出窓
見付面積の1／2以上が窓

正面図
$A×B×1／2$
$≦a×b$

❷ 各種出窓の例

イ）ケースI

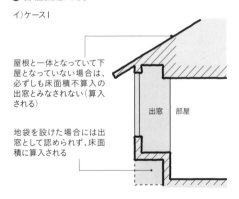

屋根と一体となっていて下屋となっていない場合は、必ずしも床面積不算入の出窓とみなされない（算入される）

地袋を設けた場合には出窓として認められず、床面積に算入される

出窓 部屋

床面積に算入しない出窓の条件を満たしていても、出窓部分の天井が室内の天井高以上に位置する場合や屋根と一体になっていない形状の場合などは、床面積不算入の出窓とみなされず、床面積に算入されることがある

❸ 距離の検討（各階および廊下の各部分ごとに行う）

イ）基本

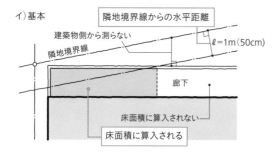

隣地境界線からの水平距離
建築物側から測らない
隣地境界線
$\ell = 1m（50cm）$
廊下
床面積に算入されない
床面積に算入される

ロ）ケースⅠ

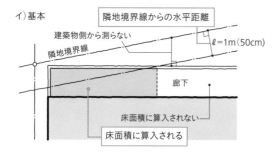

同一敷地内の他の建築物またはその建築物の他の部分
2m以上
2m以上
2m未満
廊下
この部分のみ床面積に算入される

ハ）ケースⅡ

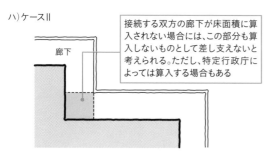

廊下

接続する双方の廊下が床面積に算入されない場合には、この部分も算入しないものとして差し支えないと考えられる。ただし、特定行政庁によっては算入する場合もある

ニ）ケースⅢ

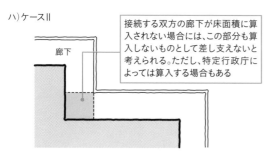

廊下の幅が異なる場合、各部分で2mを算定する
2m
2m
2m
廊下
2m

ホ）ケースⅣ

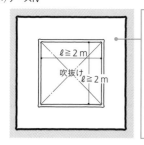

$\ell \geqq 2m$
吹抜け
$\ell \geqq 2m$

廊下相互が対面し、または口の字形に構成される廊下の場合は、閉鎖的な空間が生じるので、建物の高さを勘案し十分な水平距離の確保が必要である。特定行政庁によっては独自の水平距離を定めているところもある。$\ell \geqq 2m$であれば床面積には算入されないと考えられるが、4mとする特定行政庁もある

ロ）ケースⅡ
平面図

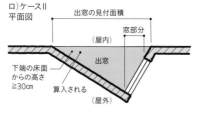

出窓の見付面積
窓部分
（屋内）
出窓
下端の床面からの高さ $\geqq 30cm$
算入される
（屋外）

出窓としての高さや出幅を満たしていても、左図のような出窓は窓として開口部の部分が少なく、基準に適応しないので床面積に算入される

ハ）ケースⅢ
平面図

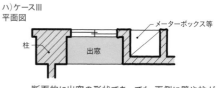

柱
メーターボックス等
出窓

断面的に出窓の形状であっても、両側に壁や柱がある場合は出窓とみなされず、床面積に算入される

ニ）ケースⅣ
平面図

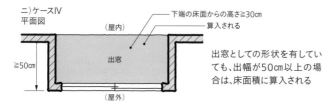

下端の床面からの高さ $\geqq 30cm$
算入される
（屋内）
出窓
$\geqq 50cm$
（屋外）

出窓としての形状を有していても、出幅が50cm以上の場合は、床面積に算入される

凡例 ▨：床面積に算入する部分
　　 □：床面積に算入しない部分

ピロティの床面積算定

❶「十分に外気に開放」の考え方

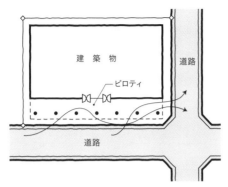

MEMO 屋内的用途に供しない部分

その周囲の相当部分が壁のような風雨を防ぎ得る構造の区画を欠き、かつ、居住、執務、作業、集会、娯楽、物品の陳列、保管又は格納その他の屋内的用途を目的としない部分をいう

ピロティは原則として床面積に算入されるが、「十分に外気に開放され、かつ、屋内的用途に供しない部分」は床面積に算入しない（昭61住指発115号）。「十分に外気に開放されている」とは、ピロティ部分が、その接する道路または空地と一体の空間を形成し、かつ、常時人の通行が可能な状態にあることをいう。よって図のように開放されている状態であれば、道路と一体の空間を形成されているため十分に外気に開放されていると考えられる

凡例 ▨:床面積に算入する部分

❷自動車車庫等の用途の場合

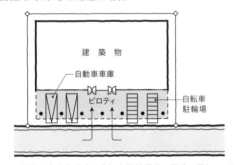

ピロティ部分を自動車車庫や自転車駐輪場等の用途に供している場合には、「屋内的用途に供しない」部分とはいえないので、通常の床面積に算入される

❸廊下状のピロティ

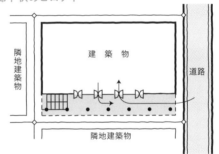

ピロティ状であって屋内的用途に供しない部分でも、隣地境界線からの離れが確保されなければ、十分に外気に開放された部分とはならないため、床面積に算入される

❹ピロティに駐車場がある

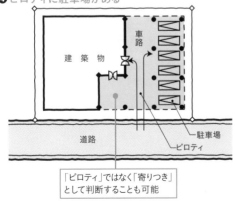

「ピロティ」ではなく「寄りつき」として判断することも可能

駐車部分と一体となったピロティの車路部分は屋内的用途に供するので床面積に算入される

❺ピロティが駐車場の車路

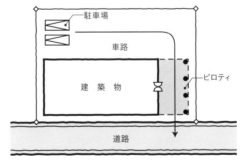

駐車場のための車路と考えられ、屋内的用途に供するので床面積に算入される

❻ 庭園等として利用した場合

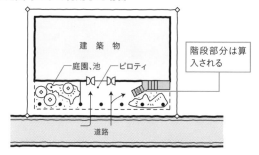

ピロティ部分を庭園や池として利用することは、屋外的な利用の形態として考えて差し支えない。通行の用に供されるピロティであっても上階への階段がある場合には、その部分は床面積に算入される

❼ 通路状のピロティ

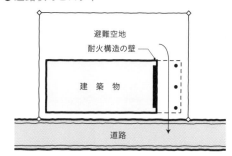

トンネル状の通行専用で、これに面する屋内への出入口および窓がなく、両端にシャッター等の区画がない場合で、通路が建物内部との動線上のつながりがなく、屋外と屋外を結ぶ機能をもった場合には、屋外的利用が明確であるとして、「ピロティ」に準じて床面積に算入しないものとして扱うことも可能であろう

❽ 高床式等の建築物Ⅰ

立面図

平面図

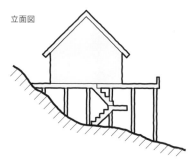

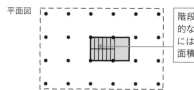

階段室のように屋内的な部分がある場合には、その部分が床面積に算入される

❾ 高床式等の建築物Ⅱ

立面図

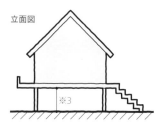

がけ上に建つ高床式等の建築物で、ピロティ状部分が開放的な空間で屋内的な利用が考えられない場合には、床面積に算入されない。倉庫や物置等に利用される場合には、その部分が床面積に算入される

自動車車庫の床面積算定

平面図

バルコニーやひさしのある範囲まで自動車車庫（車路）として床面積に算入する

バルコニーの手すりの位置

断面図

バルコニーの手すり

自動車車庫は屋内的用途とみなされ、床面積に算入される

凡例 ▨ :床面積に算入される部分

※３：高さを定めている特定行政庁もある

屋外階段の床面積算定

❶ 床面積に算入しない屋外階段の基準

凡例 ⬜（網掛）：床面積に算入する部分
⬜：床面積に算入しない部分

イ）平面図

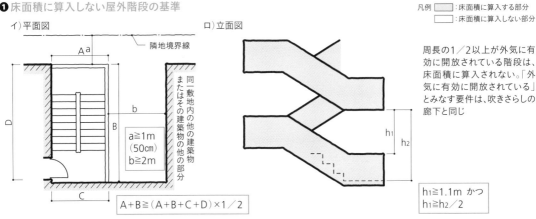

ロ）立面図

周長の1／2以上が外気に有効に開放されている階段は、床面積に算入されない。「外気に有効に開放されている」とみなす要件は、吹きさらしの廊下と同じ

$a \geqq 1m$
(50cm)
$b \geqq 2m$

$A + B \geqq (A + B + C + D) \times 1 ／ 2$

$h_1 \geqq 1.1m$ かつ
$h_1 \geqq h_2 ／ 2$

❷ 隣地境界線または同一敷地内の他の建築物、その建築物の他の部分からの水平距離

イ）ケースⅠ

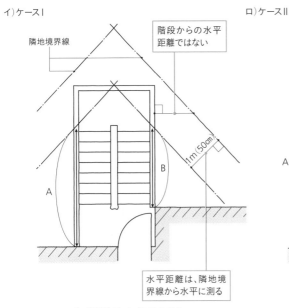

隣地境界線

階段からの水平距離ではない

1m（50cm）

水平距離は、隣地境界線から水平に測る

A＋Bが周長×1／2以上であれば床面積に算入されない

ロ）ケースⅡ

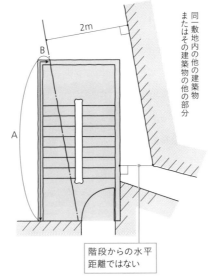

同一敷地内の他の建築物またはその建築物の他の部分

2m

階段からの水平距離ではない

A＋Bが周長×1／2未満なので床面積に算入される

ハ）ケースⅢ

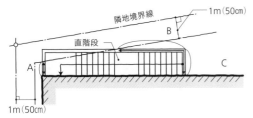

隣地境界線

1m（50cm）

直階段

1m（50cm）

A＋B＋Cが周長の1／2以上であれば、階段は床面積に算入されない。また、最上階の階段等で、屋根がなく雨ざらしになる部分は床面積に算入されない

ニ）ケースⅣ

階段の床面積の算定は階ごとに検討する。下階に他の建築物があり、階段の周長の1／2以上が外気に有効に開放されていない場合はその階のみ床面積に算入される

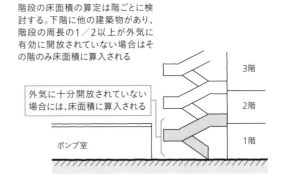

外気に十分開放されていない場合には、床面積に算入される

ポンプ室

3階

2階

1階

❸屋外階段の構造と床面積の算定

イ)ケースⅠ

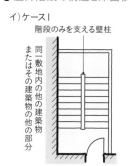

同一敷地内の他の建築物またはその建築物の他の部分

階段のみを支える壁柱

ロ)ケースⅡ

階段のみを支える柱

ハ)ケースⅢ

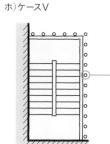

建築物本体を支える柱

梁

梁

階段のみを支える鉄筋コンクリートの壁柱や小規模な柱は、外気に有効に開放されている部分に影響を与えないとして無視してよいが、建築物本体の柱・梁で囲まれ外気に有効に開放されない場合には床面積に算入される。ただし、柱・梁以外の手すり部分を格子状の開放性のあるものとすれば、床面積に算入されないと考えられる

ニ)ケースⅣ

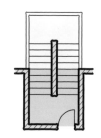

周長の1／2以上が開放されている場合でも3方向とも壁に囲まれている部分は、床面積に算入する考え方もある。個別事例により判断される

ホ)ケースⅤ

階段の開放部分をパイプ等の簡易なもので適当なすき間を設けて囲む場合については、外気への開放の程度はそれほど阻害されないので、他の算入しない条件を満足すれば、床面積に算入されないと考えられる

屋外階段と接続する廊下の床面積算定

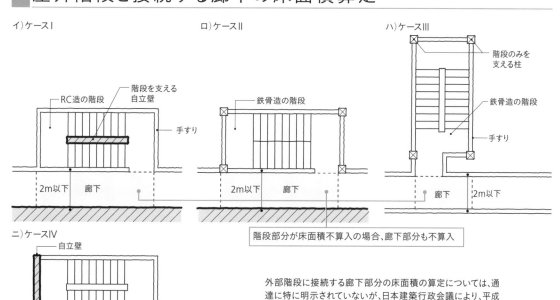

イ)ケースⅠ

RC造の階段

階段を支える自立壁

手すり

2m以下　廊下

ロ)ケースⅡ

鉄骨造の階段

2m以下　廊下

ハ)ケースⅢ

階段のみを支える柱

鉄骨造の階段

手すり

廊下　2m以下

階段部分が床面積不算入の場合、廊下部分も不算入

ニ)ケースⅣ

自立壁

2m以下　廊下

廊下と階段の間に壁が立ち上がっている場合は閉鎖度が高く、床面積に算入される。また、階段の床面積が算入されない場合でも廊下は算入される

外部階段に接続する廊下部分の床面積の算定については、通達に特に明示されていないが、日本建築行政会議により、平成14年10月に取り扱いが統一され、階段部分が床面積不算入の場合は廊下部分も不算入とすることとされた

凡例 ▨:床面積に算入する部分

ポーチ、寄りつきの床面積算定

❶ ポーチ（建築物への出入りのための空間で、建築物本体の壁面からはね出しているもの）

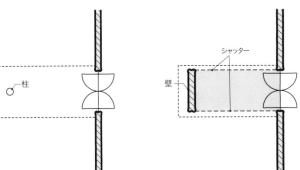

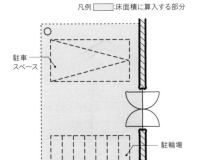

凡例 ▭：床面積に算入する部分

通常の通行のみに供される玄関ポーチは、床面積に算入されない。車寄せの空間も同様

通行のみに供される場合でもシャッター等で区画されている場合には、床面積に算入される

通行以外の用途、自動車駐車スペースや自転車駐輪スペース、荷さばきスペース等に利用される場合には、屋内的用途に供するものとして床面積に算入される

❷ 寄りつき（ポーチと同様に建築物への出入りのための空間で、その部分が建築物本体から内側に凹状になっている部分）

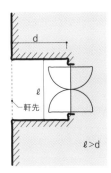
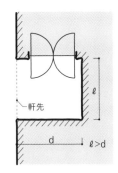
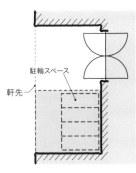
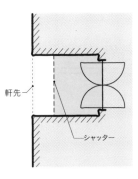

通常の通行のみに供される寄りつきは、床面積に算入されない

出入口が寄りつきに対して側面に位置していても、①同様に床面積に算入されないと考えられる

通行以外の用途のスペースがある場合には、その部分は、床面積に算入される

シャッター等の区画がある場合には、その内側部分が床面積に算入される

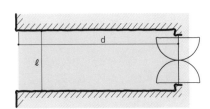

間口幅ℓに対して奥行きdが相当長い場合には、屋内の廊下同様ととらえられ床面積に算入される。間口幅ℓと奥行きdの比較については特定行政庁によって取扱いを定めている場合もあるので注意されたい

小屋裏物置の床面積算定

❶基本

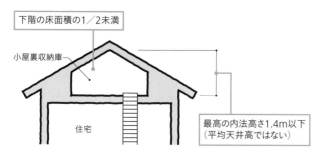

下階の床面積の1／2未満

小屋裏収納庫

住宅

最高の内法高さ1.4m以下
（平均天井高ではない）

小屋裏・天井裏の最高の内法高さ1.4m以下、水平投影面積が下階（共同住宅、長屋にあっては各住戸単位）の床面積の1／2未満であれば階としてみなさず、床面積に算入しない（平成12住指発682号）。固定はしご、固定専用階段での出入りも可能。ただし、特定行政庁により階段固定の適否や外壁に設ける開口部を制限している場合もある

❷1つの住宅に小屋裏収納、天井裏収納、ロフト等が複数あるケース

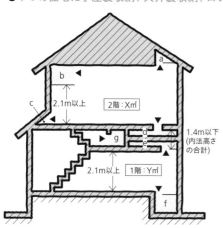

2.1m以上

2階：X㎡

c

1.4m以下
（内法高さ
の合計）

2.1m以上

1階：Y㎡

f

小屋裏収納、天井裏収納、ロフト収納が複数ある場合にも、以下のすべてに該当すれば、階としてみなさず、床面積に算入しない。ただし、特定行政庁により異なる取扱いを定めている場合もあるので注意されたい

$a+b+c+d<X／2$
$e+f+g<Y／2$
$c+d+e+g<X／2かつY／2$

a：2階小屋裏物置の水平投影面積
b：2階物置の水平投影面積
c：2階から利用する1階小屋裏物置の水平投影面積
d：2階床下物置の水平投影面積
e：1階天井裏物置の水平投影面積
f：1階床下物置の水平投影面積
g：階段等から利用する1階天井裏物置の水平投影面積
X：2階の床面積
Y：1階の床面積
▶：物の出入れ方向

> 建物の用途、構造により小屋裏物置とみなされず、床面積に算入するケースがある！

❸小屋裏物置とみなされないケースⅠ

床面積に算入するケースもある

収納

床

倉庫

建物の用途については制限がないが、特定行政庁により建物の用途を限定しているところもある

❹小屋裏物置とみなされないケースⅡ

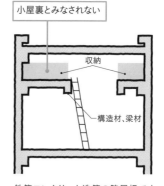

小屋裏とみなされない

収納

構造材、梁材

鉄筋コンクリート造等の陸屋根で小屋裏、天井裏でない構造体の部分に設けるものは床面積に算入すると考えられる

給水タンク、貯水タンクを設置する地下ピットの床面積算定

❶ 基本

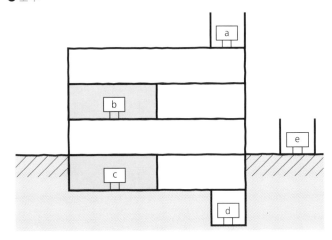

凡例 ▢ :床面積に算入する部分

イ) b、cの場合は建築物の内部にあるので床面積に算入される(貯水槽の容積率算定の基礎となる延べ面積に算入しない限度については、42頁参照)

ロ) 壁のみで屋根のない部分に給水タンク等(a、e)が設置されている場合には、床面積に算入しない

ハ) 建築物の最下階の床下(地下ピット)に設けられる給水タンク等(d)は、保守点検に必要なスペースのみの場合には、床面積に算入しない

❷ 各種地下ピットの例

イ) ケースI

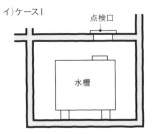

地下ピットにある水槽のみの空間は、床面積に算入しない(上部からの点検口のみあるピット)

ロ) ケースII

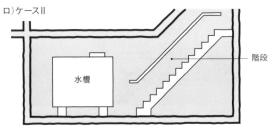

階段が設けられている場合には、水槽のみしか設置されていなくても、室としてとらえられ、階とみなされ、床面積にも算入する

ハ) ケースIII

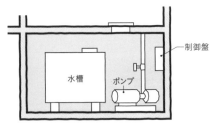

地下ピットであっても揚水ポンプや制御盤がある場合には、全体をポンプ室ととらえ、階とみなされ床面積に算入する

ニ) ケースIV

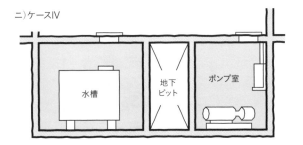

地下ピットに水槽とポンプ室が併せてある場合には、ポンプ室部分は階に算入されるので、離れていても床面積に算入する。ただし、ポンプ室と水槽設置部分が互いに出入りできない場合は、水槽設置部分は床面積に算入しないとすることも可能であろう

> 地下ピットでも、室としてみなされれば階とみなされ、床面積に算入する!

機械式駐車場等の床面積算定

❶ 機械式駐車場

凡例 ▭:床面積に算入する部分

イ) メリーゴーラウンド式（垂直循環式）　ロ) エレベータースライド式　ハ) 平面パレット式　ニ) 昇降式

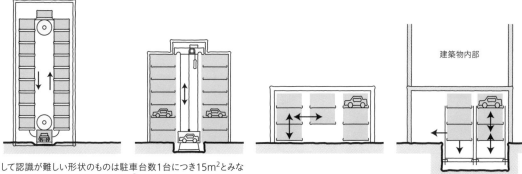

建築物内部

床として認識が難しい形状のものは駐車台数1台につき15m²とみなし、床面積に算入する。1台当たり15m²としているのは、通常の大型乗用車の駐車面積（幅2.5m×長さ6m=15m²）を基準としたものである。また、上段、下段ともに出入口が一の階にしかない場合は、床面積はその階にあるものとみなす

一般的には、出入口階の壁または柱で囲まれた水平投影面積に、宙に浮いたパレット台数に15m²を乗じた面積を加えた合計を床面積とする。
例えば、上図のニ）の場合　床面積=出入口階の壁または柱で囲まれた水平投影面積+15m²×(6−2)台　となる

MEMO 機械式駐輪場の算定方法

自転車用の機械式駐輪場で床として認識することが困難な形状の場合は、1台につき1.2m²（幅0.6m×長さ2m）を床面積として算入する。また、2段式駐輪場は水平投影面積に上段の台数×1.2m²を加算する

❷ 1層2段の自走式自動車車庫

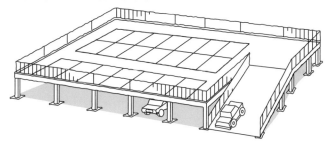

1層2段の自走式自動車車庫は、建築物として取り扱うが、左図の自動車車庫のように床としての認識が可能なものは、通常と同様に区画の中心線で囲まれた水平投影面積で算定する

自動ラック倉庫の床面積算定

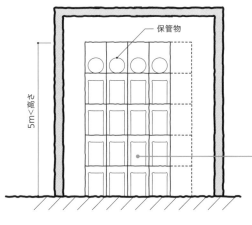

保管物

5m<高さ

多段高層の棚のみで床が不明確な自動ラック倉庫などは、高さ5mごとに床があるものとみなして算定する。階数は1として算定

自動ラック倉庫（スタッカークレーン、制御装置等により入出庫作業を自動化した多段高層の棚倉庫のこと）

公共用歩廊、傘型建築物、駐車場上屋等の床面積算定

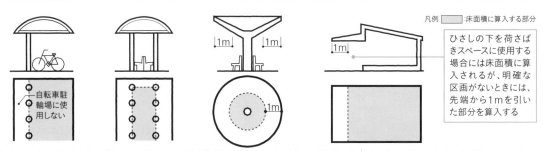

凡例 [   ]：床面積に算入する部分

ひさしの下を荷さばきスペースに使用する場合には床面積に算入されるが、明確な区画がないときには、先端から1mを引いた部分を算入する

「ピロティ」に準じ、「十分に外気に開放され、かつ屋内的用途に供しない」部分は、床面積に算入されない。外気に十分に開放されていても、自動車駐車場や自転車駐輪場、荷さばきスペースや休憩スペース等に利用される場合には、屋内的用途に供する部分として床面積に算入される。この場合、明確な区画がなく、屋内的用途に供されている部分を確定することが困難な場合には、建築面積同様、上図のように先端から1mを引いた部分で床面積を算定することもある

体育館のギャラリー等の床面積算定

❶ 体育館のギャラリー等の例

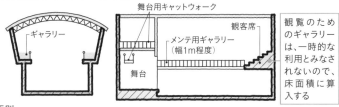

観覧のためのギャラリーは、一時的な利用とみなされないので、床面積に算入する

凡例 [   ]：床面積に算入する部分
　　　[   ]：床面積に算入しない部分

原則
体育館のギャラリーなどは床面積に算入する
例外
保守点検などの一時的な使用を目的としている幅の狭い通路のみの場合には、床面積に算入しない（たとえば、幅が1m程度の体育館のメンテ用ギャラリー、舞台用キャットウォーク等）

❷ 無人機械を保守点検する狭い通路の例

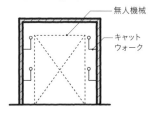

無人機械の保守点検などのための幅の狭い通路も同様に床面積に算入しないと考えられる

column

建築物に該当する工作物

　床面積の算定については、建築物の各階またはその一部で、壁その他の区画の中心線で囲まれた部分の水平投影面積によるが、壁や柱、屋根がある工作物であっても建築物に該当しないものは当然、床面積は発生しない。そこで建築物に該当するかしないかの判断の迷う工作物について、過去の事例に基づいてまとめてみた。なお、建築物とは法2条1号で「土地に定着する工作物のうち、屋根及び柱若しくは壁を有するもの」と規定されている。

建築物に該当する／該当しない工作物の例

建築物に該当する	建築物に該当しない
地下または高架の工作内に設ける店舗等	鉄道等の運転保安施設（駅事務室、待合室は除く）、プラットホーム等
店舗等として使用し、一定の場所に係留する船舶（陸地と経常的に定着されたもの）	海水浴場の休憩場等（屋根を天幕、ビニル、スダレ等でふいたもので取り外し自由である場合、または日よけ用であるもの）
コンテナ倉庫（随時かつ任意に移動できないもの）	仮設トイレ（随時かつ任意に移動できるもの）
プレハブ物置（随時かつ任意に移動できないもの）	トレーラーハウス（随時かつ任意に移動できるもの）
テント倉庫（主要骨組材とロープ等に膜材を張ったもの）	公衆電話ボックス
開閉式屋根付運動場（屋根の効用を有するもの）	農作物の育成・栽培用ビニールハウス（支保材が簡易なもので、覆うビニールシート等が容易に取り外しができるもの）
蛇腹式テント倉庫（屋根の効用を有するもの）	小規模な倉庫（外部から荷物の出し入れを行うことができ、かつ、内部に人が立ち入らないもの）

■ エレベーターシャフト等の床面積算定

❶ 基本　凡例 ▨ :床面積に算入する部分

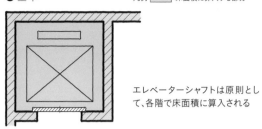

エレベーターシャフトは原則として、各階で床面積に算入される

❷ 着床できない階

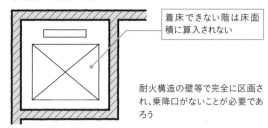

着床できない階は床面積に算入されない

耐火構造の壁等で完全に区画され、乗降口がないことが必要であろう

MEMO パイプシャフト、煙突等の場合

パイプシャフト、ダクトスペース、煙突は、床がなくその階において利用されない場合は床面積に算入しない

■ 重層した階段の床面積算定

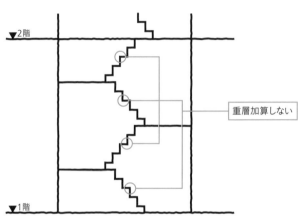

重層加算しない

階高が高い場合（百貨店等）に階段が重層になる場合でも、各階の水平投影面積のみが床面積となる（重層加算しない）

■ 屋内階段の床面積算定

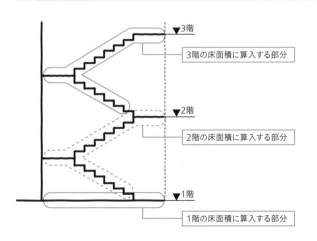

3階の床面積に算入する部分

2階の床面積に算入する部分

1階の床面積に算入する部分

屋内階段の床面積は、階段及び踊場の水平投影面積を階段等が設置された上階側の床面積に算入する。階段等の最下部については、原則として、屋内的用途に供する部分であるかどうかに関わらず、存する階の床面積に算入する

容積率の基礎となる延べ面積の算定方法

延べ面積は、建築物の各階の床面積を合計したものである。その最大面積は、敷地面積に対する延べ面積の割合である容積率の限度から算定される（令2条1項4号）。

容積率の限度は、前面道路の幅員と都市計画で定められた指定容積率で決まる。容積率を稼ぐためには、

容積率算定のための延べ面積のうち、対象外とされる車庫、住宅の地階、共同住宅の共用廊下などの面積をもれなく拾う必要がある。よって、床面積の算定方法、および特定行政庁の取扱いの違いなどをあらかじめ把握し、確認申請後の審査の中で容積対象の床面積が増えて、容積率の限度を超えないようにしておきたい。

延べ面積の算定の基本

1 延べ面積は各階の床面積の合計（令2条1項4号）

2 屋上の階段室等の水平投影面積が建築面積の1／8以下であっても、階数や高さの算定と異なり、延べ面積、すなわち床面積に算入される

3 容積率の限度の算定では、一定の自動車車庫等・備蓄倉庫・蓄電池設置部分・自家発電設備設置部分・貯水槽設置部分・宅配ボックス設置部分・住宅および老人ホーム等の地下部分・共同住宅および老人ホーム等［※1］の共用廊下等・エレベーターの昇降路の部分の床面積は対象外となる

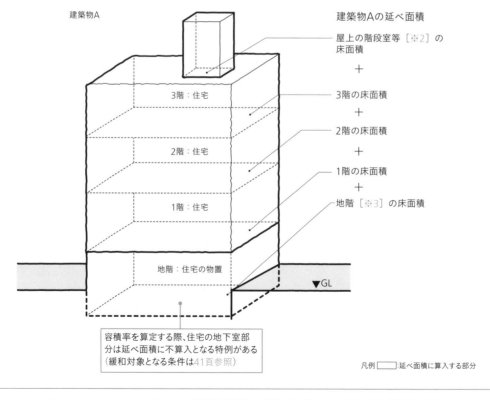

建築物A

建築物Aの延べ面積

屋上の階段室等［※2］の床面積
＋
3階の床面積
＋
2階の床面積
＋
1階の床面積
＋
地階［※3］の床面積

3階：住宅

2階：住宅

1階：住宅

地階：住宅の物置

▼GL

容積率を算定する際、住宅の地下室部分は延べ面積に不算入となる特例がある（緩和対象となる条件は41頁参照）

凡例 ☐：延べ面積に算入する部分

※1：老人ホーム、福祉ホームその他これらに類するもの　※2：昇降機塔、装飾塔、物見塔等の屋上部分　※3：地階の倉庫、機械室等の部分

住宅および老人ホーム等の地下室の容積率の緩和

❶基本

イ)専用住宅のケース

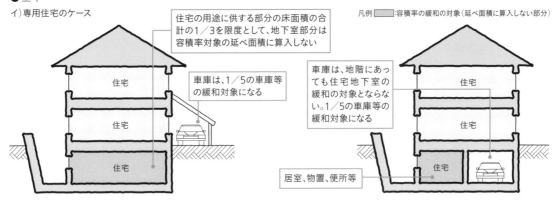

凡例 :容積率の緩和の対象（延べ面積に算入しない部分）

住宅の用途に供する部分の床面積の合計の1／3を限度として、地下室部分は容積率対象の延べ面積に算入しない

車庫は、1／5の車庫等の緩和対象になる

車庫は、地階にあっても住宅地下室の緩和の対象とならない。1／5の車庫等の緩和対象になる

居室、物置、便所等

住宅

住宅

住宅

住宅

住宅

住宅

・専用住宅でも緩和の対象とみなされるのは、同一の住居の一部で、住宅利用のために専ら供されている部分である（たとえば、居室、オーディオルーム、書庫、物置、便所、浴室、廊下、階段など）
・車庫は、地上階にあっても、地下階にあっても（それが住宅のための車庫であっても）算定の対象としない（地階の容積緩和にあたっては、住宅の用途に供する部分に含まれない）
・自動車車庫などが附属している場合は、住宅の地下室の緩和（法52条3項）と、自動車車庫等の緩和（令2条3項）を併用できる

> 住宅用途の1／3が対象なので、住宅以外の用途の地下室は算定の対象外

ロ)共同住宅等のケース

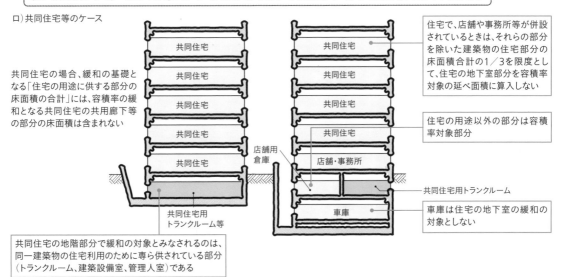

共同住宅の場合、緩和の基礎となる「住宅の用途に供する部分の床面積の合計」には、容積率の緩和となる共同住宅の共用廊下等の部分の床面積は含まれない

住宅で、店舗や事務所等が併設されているときは、それらの部分を除いた建築物の住宅部分の床面積合計の1／3を限度として、住宅の地下室部分を容積率対象の延べ面積に算入しない

住宅の用途以外の部分は容積率対象部分

共同住宅用トランクルーム

車庫は住宅の地下室の緩和の対象としない

共同住宅

共同住宅

共同住宅

共同住宅

共同住宅

共同住宅

共同住宅

共同住宅

共同住宅

店舗用倉庫

店舗・事務所

車庫

共同住宅用トランクルーム等

共同住宅の地階部分で緩和の対象とみなされるのは、同一建築物の住宅利用のために専ら供されている部分（トランクルーム、建築設備室、管理人室）である

ハ)老人ホーム等のケース
　容積率の緩和は住宅や共同住宅と同じ考え方で、専ら老人ホーム等に供する部分が緩和対象となる

❷対象となる地下部分

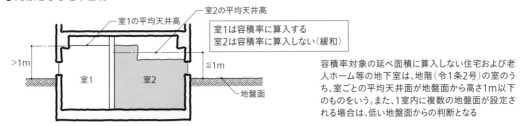

室1の平均天井高
室2の平均天井高
室1は容積率に算入する
室2は容積率に算入しない（緩和）
>1m
≦1m
室1
室2
地盤面

容積率対象の延べ面積に算入しない住宅および老人ホーム等の地下室は、地階（令1条2号）の室のうち、室ごとの平均天井高が地盤面から高さ1m以下のものをいう。また、1室内に複数の地盤面が設定される場合は、低い地盤面からの判断となる

車庫、防災設備等の容積率の緩和

容積率の制限において、自動車車庫は 1/5、備蓄倉庫 1/50、蓄電池 1/50、自家発電設備 1/100、貯水槽 1/100、宅配ボックス 1/100 を各階の床面積の合計に乗じて得た面積を上限として、容積率算定の基礎となる延べ面積に算入しない（令 2 条 3 項）。それぞれの施設の概要については、下表に示す。

❶ 施設、設備の名称設備の不算入割合

施設、設備の名称		概要	不算入の割合	備考
自動車車庫等の用途		自動車または、自転車の停留、駐車施設	1/5	誘導車路、操車場所、乗降場を含む
防災設備	備蓄倉庫部分	非常用食料・応急救助物資などを備蓄するための防災専用の倉庫	1/50	共同住宅・長屋においては住戸ごとに 1 室でもよいが、備蓄倉庫以外の用途で使用すると違反となる。また、壁で囲むことが条件となり、利用者に見えやすい位置に当該倉庫である旨の表示されているものをいう
	蓄電池（床に据え付けるものに限る）設置部分	据置型、定置型の蓄電池とその蓄電機能を全うするために必要的に設けられる付加的な設備	1/50	屋内に設置する場合にも適用可能。プラグインハイブリッド車など据え付けされていないものは対象外となる。壁で囲われた専用室でなくとも当該設備を設けるために必要な範囲において、他の部分と明確に区画されていればよい
	自家発電設備設置部分	同一敷地の建築物において電気を消費することを目的として発電する設備	1/100	自家用に電気を供給し余剰分を売電するものや、発電機の稼働に必要な機器や燃料等を含むものである。壁で囲われた専用室でなくとも当該設備を設けるために必要な範囲において、他の部分と明確に区画されていればよい
	貯水槽設置部分	水を蓄える槽であり、修理や清掃等の限られた場合を除き内部に人が入ることのない構造を有するもの	1/100	水の用途は問われない。ポンプは緩和の対象外。また、屋内プールや浴槽も対象外となる。壁で囲われた専用室でなくとも当該設備を設けるために必要な範囲において、他の部分と明確に区画されていればよい
宅配ボックス設置部分		宅配ボックス（配達された物品（荷受人が不在その他の事由により受け取ることができないものに限る。）の一時保管のための荷受箱をいう。）を設ける部分	1/100	宅配ボックスの利用のために設ける室その他これに類する区画[※ 4]のほか、配達された物品の預け入れ又は取り出しの用に供する部分を含むものとする。壁で囲われた専用室でなくとも当該設備を設けるために必要な範囲において、他の部分と明確に区画されていればよい

❷ 宅配ボックス設置部分の範囲

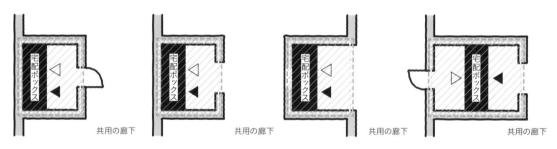

当該部分の境界が壁その他これに類するものにより明確でない場合は、宅配ボックスの預け入れ又は取り出し面から前方に水平距離 1 メートルまでの部分とする。

区画がなく、配達された物品の預け入れ又は取り出しに必要な幅を超えている

凡例 △：配達された物品の預け入れ方向
▲：配達された物品の取出し方向
：宅配ボックスの利用のために設ける室その他これに類する区画
：容積率の算定の基礎となる延べ面積に算入しない部分（令2条1項4号）

※ 4：当該区画内に郵便受けを設けるものを含む

❸ 防災備蓄倉庫の例

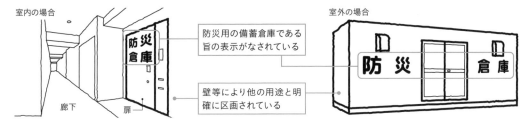

室内の場合

防災倉庫

廊下　扉

室外の場合

防　災　倉　庫

防災用の備蓄倉庫である旨の表示がなされている

壁等により他の用途と明確に区画されている

❹「専ら『停留』または『駐車』の施設」（令2条1項4号）の判断例

平面図

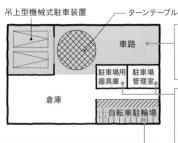

吊上型機械式駐車装置　　ターンテーブル

車路

駐車場用器具庫　駐車場管理室

倉庫

自転車駐輪場

車路およびターンテーブルは、「停留」または「駐車」のための施設（誘導車路、操車場所および乗降場を含む）に該当し、車庫等の緩和の対象となる

駐車場等の維持管理に必要な部屋であっても、自動車等の「停留」または「駐車」のための施設とはいえないので対象外（車庫に付属する階段、消防設備庫、油圧室等も同様）

自転車の出入れ操作スペースと廊下などの通行スペースが複合している場合には、「専ら」駐輪の用途に供する部分のみを算定する

その部分がピロティ状で他の部分と明確な区画がない場合には、他の用途（たとえば通路、荷さばきスペース等）の利用形態を考慮し「専ら」停留または駐車の用に供する部分のみを算定することとなろう

MEMO バイク置場の取扱い

バイク（原動機付自転車を除く）置場は、自転車駐輪場ではなく、自動車車庫として取り扱うのが原則（自動車とは道路運送車両法2条2項に規定する自動車）

住宅および老人ホーム等の地下室と車庫等の容積率緩和を併用

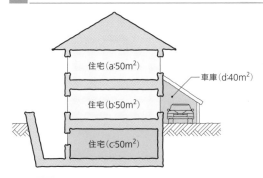

住宅(a:50m²)

車庫(d:40m²)

住宅(b:50m²)

住宅(c:50m²)

凡例　　：容積率の緩和の対象（延べ面積に算入しない部分）

イ)住宅の地階の容積率緩和の場合

[住宅の利用のために専ら供する部分の延べ面積（車庫dは含まない）]
a＋b＋c＝50＋50＋50＝150m²

[地下室の延べ面積に算入されない床面積]
c≦1／3(a＋b＋c)＝1／3(50＋50＋50)≦50m²
よって、cは50m²まで不算入

ハ)建物全体の容積率対象面積の算定

[建物全体の延べ面積]
a＋b＋c＋d＝50＋50＋50＋40＝190m²

[容積率対象となる部分の延べ面積]
(a＋b＋c＋d)−1／3(a＋b＋c)−1／5(a＋b＋c＋d)
　　　　　　　　　（地下室の緩和）　（自動車車庫などの緩和）
＝190m²−50m²−38m²＝102m²

よって、容積率の対象となる延べ面積は、102m²である

ロ)自動車車庫の容積率緩和の場合

[建物の延べ面積]
a＋b＋c＋d＝50＋50＋50＋40＝190m²

[自動車車庫の延べ面積に算入されない床面積]
d≦1／5(a＋b＋c＋d)＝1／5(50＋50＋50＋40)＝38m²
よって、dは38m²まで不算入

車庫等の緩和（令2条3項）と住宅および老人ホーム等の地下室の緩和（法52条3項）は併用できる

■ エレベーターの昇降路の容積率の緩和

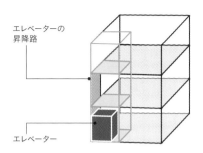

エレベーターの昇降路
エレベーター

エレベーターの昇降路はかごの着床階にかかわらず、容積率に不算入である。エレベーターの容積緩和は、共同住宅の共用廊下などと同じく、面積の限度は設けられておらず、建築物の用途も限定していないため住宅や店舗、工場などすべての建築物に適用される。

・対象…ホームエレベーター、オープンタイプエレベーター、マシンルームレスエレベーター、ダブルデッキエレベーター、斜行エレベーター
・対象外…小荷物専用昇降機、エスカレーター、ペントハウスに設置されるエレベーターの機械室、工場などの生産・配送設備である昇降機、椅子式昇降機、機械式駐車上・駐輪場の設備である昇降機
・条件付きで対象…段差解消機は昇降路に囲いなどがあり、他の目的に使用されることがない場合は緩和の対象

■ 共同住宅および老人ホーム等の共用廊下等の容積率の緩和

❶ 共同住宅で、容積率不算入となる共用廊下等の部分

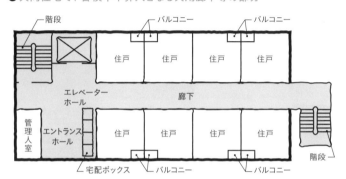

階段　バルコニー　バルコニー
住戸　住戸　住戸　住戸
エレベーターホール　廊下
管理人室　エントランスホール　住戸　住戸　住戸　住戸　階段
宅配ボックス　バルコニー　バルコニー

容積率不算入部分は、廊下、階段、エントランスホール、エレベーターホール、階段に代わる傾斜路。容積率算入部分は、バルコニー、特殊な用途の階段（昇降機機械室用階段等）、エントランスホールの一部を休憩室などそれ以外の用途として設置した場合の休憩室等の部分

凡例 ▭：容積率の緩和の対象（延べ面積に算入しない部分）

❷ 共同住宅の用途に供する部分とその他の用途に供する部分が複合している建築物の取扱い

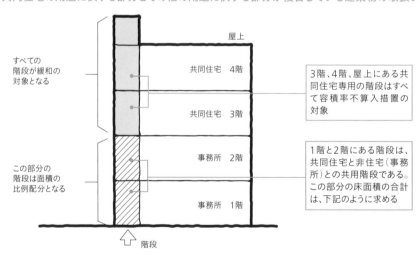

すべての階段が緩和の対象となる

この部分の階段は面積の比例配分となる

屋上
共同住宅　4階
共同住宅　3階
事務所　2階
事務所　1階
階段

3階、4階、屋上にある共同住宅専用の階段はすべて容積率不算入措置の対象

1階と2階にある階段は、共同住宅と非住宅（事務所）との共用階段である。この部分の床面積の合計は、下記のように求める

共同住宅と非住宅との共用階段の取扱い（老人ホーム等も同じ考え方である）

共用する階段の面積×比例配分する割合（A）＝不算入の面積

$$A=\frac{（専ら共同住宅の用途に供する専用部分と共用部分の床面積の合計）}{（専ら共同住宅の用途に供する専用部分と共用部分の床面積の合計）＋（専ら非住宅（事務所）用途に供する専用部分と共用部分の床面積の合計）}$$

住居系地域なら水平距離 7m 以上が有利な有効採光面積

　住宅や学校、病院、寄宿舎等の「居室」で政令で定めるものは、自然採光を確保するため、一定以上の面積の開口部を設けなければならない（法28条）。開口部の床面積に対する割合は、居室の種類ごとに定められている。

　採光上有効な面積は、開口部の大きさだけではなく、開口部の前に採光を得るのに十分な空間があるか、敷地がどの用途地域［※1］に属しているか、といった要素も勘案する必要がある。

　商業・近隣商業地域では緩和措置があり、採光上有効な居室との2室共通の採光を認めている（平15国交告303号）。

有効採光面積の算定の基本①

1 窓の有効採光面積は、居室の床面積の一定割合（1／10〜1／5）以上が必要となる

2 窓の開口面積がそのまま有効採光面積にはなるのではなく、窓のある高さと窓の採光度合い（窓外部の開放度）から導き出される採光補正係数で補正される

　有効採光面積＝窓の開口面積×採光補正係数A

　　（Aが1なら窓の開口面積すべてが有効）

3 採光補正係数の算定式は用途地域ごとに異なり、住居系が一番厳しい

❶ 用途地域別の採光補正係数算定式（令20条）［※2］

用途地域	算定式	d	A＜1の場合の補正値	
			道に面していない窓	道に面する窓
住居系	D／H×6－1.4	7m	d≦D、A＜1→A＝1	A＜1→A＝1
工業系	D／H×8－1	5m	d＞D、A＜1→A＝A	
商業系・無指定	D／H×10－1	4m	d＞D、A≧1→A＝A（最大A＝3）	

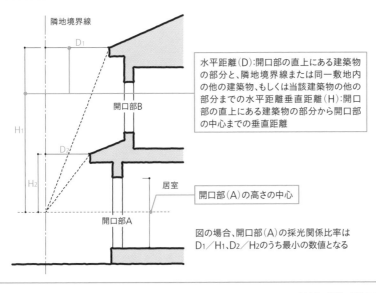

水平距離（D）:開口部の直上にある建築物の部分と、隣地境界線または同一敷地内の他の建築物、もしくは当該建築物の他の部分までの水平距離 垂直距離（H）:開口部の直上にある建築物の部分から開口部の中心までの垂直距離

開口部（A）の高さの中心

図の場合、開口部（A）の採光関係比率はD₁／H₁、D₂／H₂のうち最小の数値となる

※1：敷地が2つの用途地域にまたがる場合は、敷地の過半が属する用途地域とみなす　※2：採光補正係数の緩和規定が定められている特定行政庁もある

有効採光面積の算定の基本②

居室の床面積に対する有効採光面積の割合（法28条1項、令19条）

建築物の居室	割合 （有効採光面積／床面積）	告示緩和
幼稚園・小学校・中学校・高等学校・中等教育学校・幼保連携型認定こども園の教室、保育所の保育室	1／5以上	1／7以上 [※3]
住宅の居住のための居室	1／7以上	1／10以上 [※4]
病院・診療所の病室、寄宿舎の寝室、下宿の宿泊室、児童福祉施設等の寝室（入所者が使用するものに限る）、児童福祉施設等[※5]（保育所および幼保連携型認定こども園除く）の居室のうち、入所者・通所者に対する保育・訓練・日常生活に必要な便宜の供与等のために使用されるもの	1／7以上	―
上記の学校以外の学校の教室、病院・診療所・児童福祉施設等の居室のうち、入院患者・入所者の談話、娯楽等の目的のために使用されるもの	1／10以上	―

水平距離のとり方 [※6]

❶ 道（道路）に面する場合

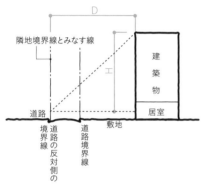

道路に面する場合、道路の反対側の境界線までの水平距離をとる

❷ 公園・広場、川等に面する場合

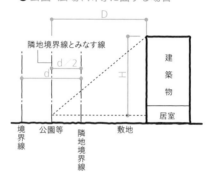

公園、広場、川等に面する場合、その幅の1／2だけ隣地境界線の外側にあるとみなす。道路を介して公園等がある場合も同じ

❸ 隣地境界線と開口部が平行の位置にない場合

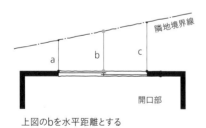

上図のbを水平距離とする

❹ 出窓の場合

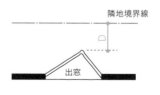

出窓の場合、最も突出している部分から水平距離をとる

※3：幼稚園、小・中・高等・中等教育学校の教室、保育所の保育室で❶の床面上50cm（保育所の保育室、幼稚園の教室、幼保連携型認定こども園の教室もしくは保育室の場合は床面）の水平面照度が200ルクス以上の照明設備を設置した教室・室は、その室の床面積に対する、床面から50cm以上（保育所の保育室、幼稚園の教室、幼保連携型認定こども園の教室もしくは保育室の場合は床面から50cm未満の部分も算入可）の窓などの有効採光面積が1／7以上あればよい（昭55建告1800号）。
②小・中・高等・中等教育学校の音楽室、視聴覚教室で❶の照明を設け、令20条の2による換気設備を設けた室では、その室の床面積に対する有効採光面積の割合が1／10以上あればよいこととなっている（昭55建告1800号）

046　確認申請［面積・高さ］算定ガイド　第2版

特殊なケースの有効採光面積算定 [※6]

❶ 天窓を採用する場合

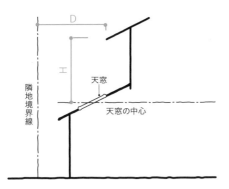

天窓は採光補正係数A×3となるが、天窓上部のひさしや軒が天窓にかかっている部分については有効採光とはならない

❷ ドーム状天窓の場合

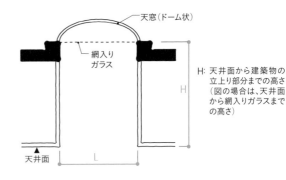

H: 天井面から建築物の立上り部分までの高さ（図の場合は、天井面から網入りガラスまでの高さ）

上図のような天窓は、高さ（H）と、当該開口部の最小径（L）の採光関係比率（L／H）より採光補正係数を算出する

❸ 隣地境界線が凹凸の場合

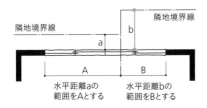

この場合、aの水平距離で採光補正係数を求める。ただし、採光補正係数の算出結果が0以下となる場合は、Aの範囲は開口部がないものとし、Bの範囲を開口部として水平距離bを用いて採光補正係数を求めることも考えられる[※7]

❹ 縁側がある場合

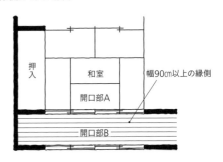

幅90cm以上の縁側がある場合の和室の開口部の採光有効面積は、開口部Aの面積×採光補正係数×0.7で算定する。ただしその場合、開口部A≧開口部Bとする

❺ 開口部が開放廊下に面する場合

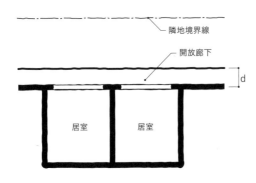

開放廊下に面する開口部の採光は、廊下の奥行き寸法（d）が大きい場合、❹に準じ0.7の面積を有するものと考える

❻ 同一敷地内に他の建築物がある場合

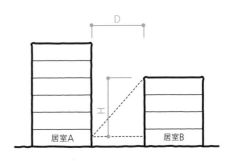

図のように高い建築物と低い建築物がある場合、居室に入る光の量は居室AもBもどちらも同じなので、高い建築物も低い建築物の高さで採光補正係数を算定する

※4：住宅の居住のための居室は、床面において50ルクス以上の照度を確保することができるよう照明設備を設置した場合、1／10以上あればよい（昭55建告1800号）　※5：令19条に定める施設　※6：特定行政庁により扱いが異なる場合がある　※7：aの水平距離で採光補正係数を求めAの範囲の有効採光面積と、bの水平距離で採光補正係数を求めBの範囲の有効採光面積との合算とすることも考えられる

2室を1室とみなす採光の条件 [※8]

❶ 2室を1室とみなせるケース

イ）基本

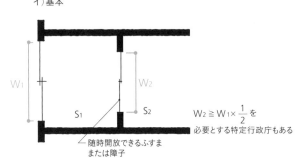

$$W_2 \geqq W_1 \times \frac{1}{2} \text{ を}$$
必要とする特定行政庁もある

随時開放できるふすま
または障子

ふすま、障子（原則、片引きは不可）で、随時開放
することにより1室としてみなせる形状であるこ
と。ただし、特定行政庁により取扱いは異なる。
原則として3室以上のものの緩和はできない

ロ）その他の例

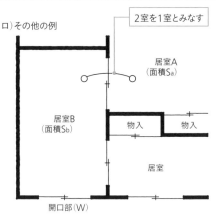

2室を1室とみなす

居室A（面積Sa）

居室B（面積Sb）

物入　物入

居室

開口部（W）

$W \cdot K \geqq (Sa+Sb) ／ 7$
W:採光に有効な面積
K:開口部の採光補正係数

❷ 近隣商業地域、商業地域内の住宅の居室の場合の緩和（平15国交告303号）

平面図

道路

開口部B（面積Wb）
居室B（面積Sb）

開口部A（面積Wa）
居室A（面積Sa）

$Wb \cdot K \geqq (Sa+Sb) ／ 7$
（K:開口部Bの採光補正係数）
かつ $Wa \geqq Sa ／ 7$

開口部Aは、採光上有効な開口部（ガラス窓等）であること

断面図

道路

開口部B（面積Wb）
居室B

開口部A（面積Wa）
居室A

壁などで仕切られている2室であっても、左の条件を
満たせば採光確保が緩和される

凡例 ▭ :2室を1室とみなせる部分

❸ 2室を1室とみなせないケース

イ）規定の趣旨に合わないケース

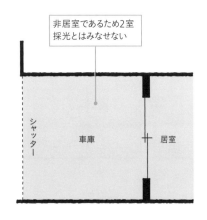

非居室であるため2室
採光とはみなせない

シャッター　車庫　居室

ロ）小さい開口でしか接していないケース

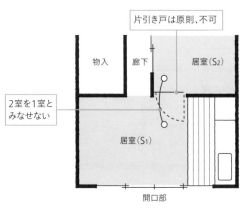

片引き戸は原則、不可

物入　廊下　居室（S2）

2室を1室と
みなせない

居室（S1）

開口部

凡例 ▨ :2室を1室とみなすことができない部分

※8 特定行政庁により扱いが異なる場合がある

2以上の直通階段設置規定における居室の床面積

多数の人が利用する用途、あるいは就寝の用途等に供する建築物、または大規模な建築物の避難階以外の階においては、災害時に1つの階段が使用不可能になった場合でも別の階段へ避難できるように、2以上の直通階段を設けなければならない。

その階に該当するのは用途または階数、居室等の床面積で決まるが、一概に居室等の床面積といってもさまざまであり、その用途により異なる。たとえば、病院や診療所などの場合は病室の床面積の合計であり、ホテルや下宿などは宿泊室の床面積の合計である。よって、用途別にその居室等の床面積の範囲を把握しておく必要がある。

2以上の直通階段設置における居室の床面積算定の基本

1　特殊建築物［※1］、階数≧3、延べ面積＞1,000㎡の建築物、および採光上の無窓居室のある階では居室［※2］の床面積や階数によって、2以上の直通階段が必要となる（令121条）

2　児童福祉施設等の用途に供する階の「主たる用途に供する居室」、ホテルや旅館の「宿泊室」、寄宿舎の「寝室」の用途に供する部分の面積によって判断される

ホテル、旅館等の宿泊室および寄宿舎の寝室の範囲の算定例

イ）ケースⅠ

ロ）ケースⅡ

ハ）ケースⅢ

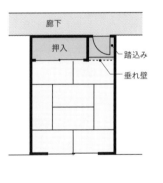

ホテル、旅館等の宿泊室および寄宿舎の寝室では、2直階段設置規定における居室の床面積は「宿泊室、寝室の居室の部分」とし、宿泊室等の内にある物入れ、便所、浴室など非居室部分は除外してよい。ただし、除外する部分はその他の部分と間仕切壁等により区分されている場合に限る

凡例　▨：宿泊室の床面積の合計から除外できる部分

※1：法別表第1（い）欄（1）～（4）項　※2：条文では「居室」という表現以外に、それぞれの用途による居室を「客席」「客室」「集会室」「売場」「病室」「児童福祉施設等の主たる用途に供する居室」「宿泊室」「寝室」などと具体的に表現している

特別避難階段の付室等の床面積≧5m²

建築物内で火災が発生した場合は、居室から廊下や階段などを通って屋外へ避難できる必要がある。避難階以外の階に居室がある場合においては直通階段を設ける必要があり、高層の建築物や多くの人が出入りする建築物ではより早く、より安全に避難できるよう避難階段を設けなければならない。

地上15階以上の階になると消防用はしご車が届かないため、さらに人が安全に避難するために特別避難階段 [※1] を設けなければならない。避難階段との違いは、火災時における炎や煙の侵入を防ぐために、屋内と階段との間に緩衝帯ともいうべきバルコニーや付室が設けられることである。付室等の床面積の規定は法令上はないが、「防火避難規定の解説」[※2] により5㎡以上とすることが望ましい。

特別避難階段の付室等の床面積の基本

1　特別避難階段の階段室と付室等の面積は、それぞれの床面積の合計で算定する（令123条3項12号）
特別避難階段の付室等の面積は法令上の規定はないが、5m² 以上の大きさとすることが望ましい

2　特別避難階段の付室と非常用エレベーターの乗降ロビーとを兼用する場合は、両方の必要面積の合計となる（5m² + 10m² = 15m²）

①付室の場合

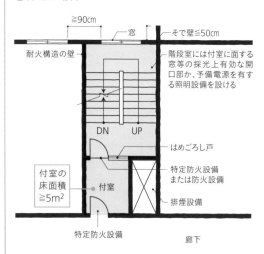

②バルコニーの場合

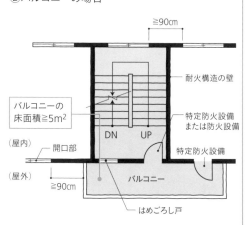

15階以上の階または地下3階以下の階に通じる特別避難階段の階段室と付室（またはバルコニー）の床面積の合計は、「その階の法別表第1（い）欄（1）項（劇場、映画館等）または（4）項（百貨店、マーケット等）の用途の居室の床面積×8／100」+「その他の用途の場合は、居室の床面積×3／100以上」とする

凡例 ▨：特別避難階段および付室・バルコニーの床面積となる部分

※1：建築物の地上15階以上の階、または地下3階以下の階に通ずる直通階段（防火区画による免除規定あり）や、物販店舗で5階以上の売場に通ずる直通階段の1以上は特別避難階段としなければならない。また、他の規定により設置が必要となる場合もあるので注意する　※2：『建築物の防火避難規定の解説』（ぎょうせい刊、日本建築行政会議編）

避難上有効なバルコニーの床面積 ≧ 2m²

2以上の直通階段を設けなければならない建築物の階にあっても、一定の用途、階数、居室の床面積の合計により避難上有効なバルコニーを設けることによって、1の直通階段でよい場合がある（令121条1項）。また、2以上の直通階段を設ける場合で居室から直通階段に至る重複区間があり、その距離が規定の歩行距離の1／2を越える場合にも、避難上有効なバルコニーが必要となる（令121条3項）。

このような避難上有効なバルコニーは、火災時の階段に代わる一方向の避難として、安全な構造でなければならない。法令上はその構造について定めはないが、「防火避難規定の解説」[※1]によって具体的な構造が記されており、バルコニーの床面積については避難器具等を除き2㎡以上となっている。

避難上有効なバルコニーの面積等の算定の基本

1 避難上有効なバルコニー等の床面積は、その階および上階から避難してきた人たちが安全に一時滞留できるだけの面積や構造が求められる

2 法令上の規定はないが、上記の理由によりバルコニーの床面積は 2m² 以上が望ましい（避難ハッチを除く）

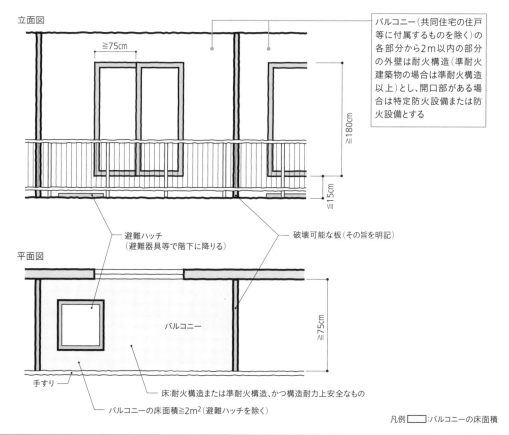

立面図

≧75cm

≧180cm

≦15cm

バルコニー（共同住宅の住戸等に付属するものを除く）の各部分から2m以内の部分の外壁は耐火構造（準耐火建築物の場合は準耐火構造以上）とし、開口部がある場合は特定防火設備または防火設備とする

避難ハッチ（避難器具等で階下に降りる）

破壊可能な板（その旨を明記）

平面図

≧75cm

手すり

バルコニー

床：耐火構造または準耐火構造、かつ構造耐力上安全なもの

バルコニーの床面積≧2m²（避難ハッチを除く）

凡例 □：バルコニーの床面積

※1：『建築物の防火避難規定の解説』（ぎょうせい刊、日本建築行政会議編）

避難上有効なバルコニーの配置例

7階建て事務所（耐火建築物）の場合

平面図

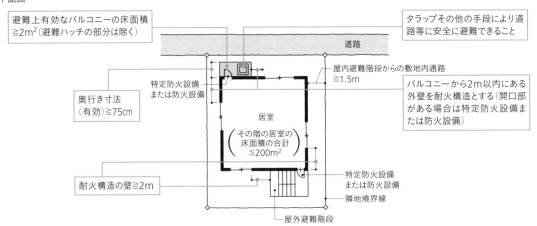

- 避難上有効なバルコニーの床面積 ≧2m²（避難ハッチの部分は除く）
- タラップその他の手段により道路等に安全に避難できること
- 特定防火設備または防火設備
- 奥行き寸法（有効）≧75cm
- 屋内避難階段からの敷地内通路 ≧1.5m
- バルコニーから2m以内にある外壁を耐火構造とする（開口部がある場合は特定防火設備または防火設備）
- 道路
- 居室（その階の居室の床面積の合計 ≦200m²）
- 耐火構造の壁≧2m
- 特定防火設備または防火設備
- 隣地境界線
- 屋外避難階段

断面図

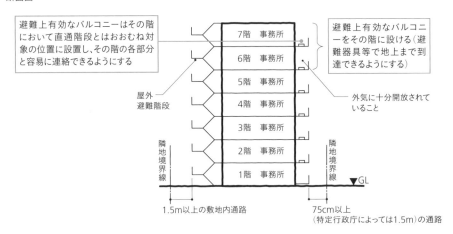

- 避難上有効なバルコニーはその階において直通階段とはおおむね対象の位置に設置し、その階の各部分と容易に連絡できるようにする
- 避難上有効なバルコニーをその階に設ける（避難器具等で地上まで到達できるようにする）
- 屋外避難階段
- 外気に十分開放されていること
- 隣地境界線
- 7階 事務所
- 6階 事務所
- 5階 事務所
- 4階 事務所
- 3階 事務所
- 2階 事務所
- 1階 事務所
- ▼GL
- 1.5m以上の敷地内通路
- 75cm以上（特定行政庁によっては1.5m）の通路

column

木3共にかかる避難上有効なバルコニーの規定

避難上有効なバルコニーは、令121条に出てくるだけでなく、法27条1項ただし書きによる地上3階建ての木造共同住宅で耐火建築物としなくてもよい技術的基準（平27国交告255号）の中にも登場する。

この法令上においても具体的な構造については明記がないが、通達（平成5年6月25日付住指発225号）により定められている。「防火避難規定の解説」[※2]によって定められている令121条の避難上有効なバルコニーの構造とほぼ同じであるが、床面積については、各宿泊室等（各居室）の床面積の3／100以上、かつ2㎡以上となっている。

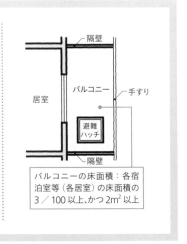

- 隔壁
- 居室
- バルコニー
- 手すり
- 避難ハッチ
- 隔壁
- バルコニーの床面積：各宿泊室等（各居室）の床面積の3／100以上、かつ2m²以上

※2：『建築物の防火避難規定の解説』（ぎょうせい刊、日本建築行政会議編）

第 **2** 章 高さ

建築物の高さの起点と屋上部分の除外早見表

　ここでは、各種高さ制限の建築物の屋上部分の不算入措置の内容と高さの起点を一覧にまとめている。

　屋上部分とは、階段室、昇降機塔、装飾塔、物見塔、屋窓その他これらに類する建築物（昇降機の昇降ロビー、屋上に設けることが適当な機械室等、時計塔、教会の鐘楼等の塔状部分）の屋上部分を指す。

　道路斜線制限、隣地斜線制限の場合、屋上部分の水平投影面積が建築面積の１／８以下の屋上部分は高さ12mまで建築物の高さに算入しなくてよい。一方で、北側斜線制限では、屋上部分の上端までを高さとして算入することに注意が必要である。

　高さの起点も制限によって異なる。道路斜線やその後退緩和の算定の際は、路面の中心が起点になる。日影規制は、日影規制の対象建築物となる高さを判定する起点は地盤面［※1］であるが、測定高さの起点は平均地盤面［※2］である。

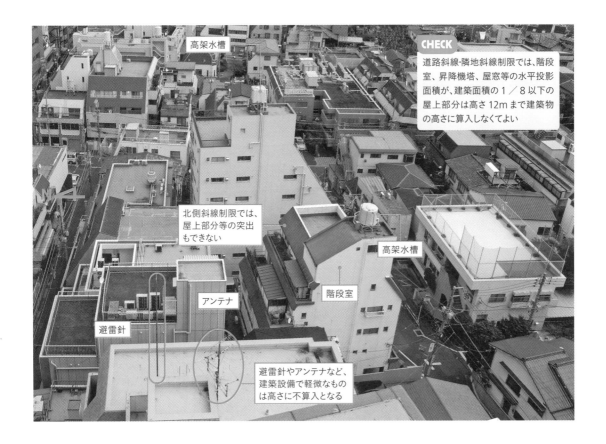

CHECK
道路斜線・隣地斜線制限では、階段室、昇降機塔、屋窓等の水平投影面積が、建築面積の１／８以下の屋上部分は高さ12mまで建築物の高さに算入しなくてよい

高架水槽

北側斜線制限では、屋上部分等の突出もできない

高架水槽

階段室

アンテナ

避雷針

避雷針やアンテナなど、建築設備で軽微なものは高さに不算入となる

※1：建築物が周囲の地面と接する位置の平均の高さにおける水平面をいい、高低差が3m超のときは3m以内ごとに平均地盤面を設定する　※2：敷地の高低差が3m超であっても3mごとに平均地盤面を設定せず、敷地全体で1つの平均地盤面を設定する

制限ごとの建築物の高さの算定方法対照表

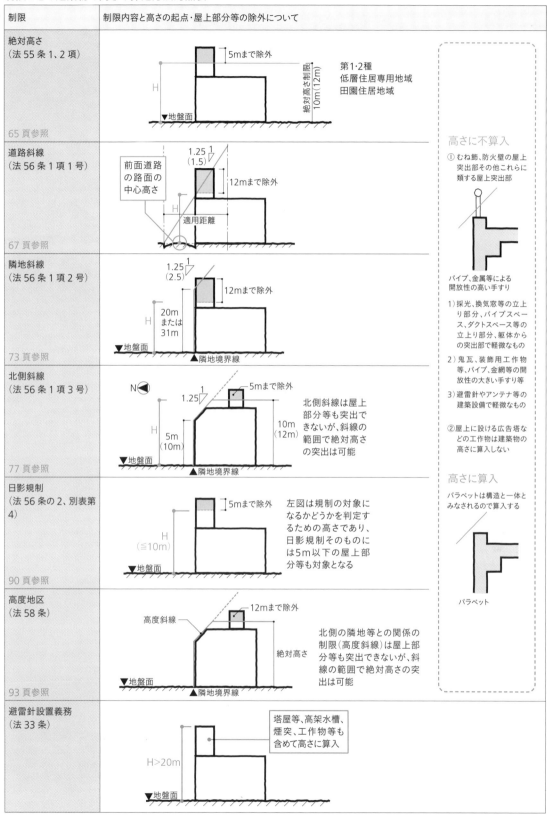

制限	制限内容と高さの起点・屋上部分等の除外について
絶対高さ （法 55 条 1、2 項） 65 頁参照	5mまで除外　　絶対高さ制限 10m(12m)　第1・2種 低層住居専用地域 田園住居地域　H　▼地盤面
道路斜線 （法 56 条 1 項 1 号） 67 頁参照	1.25 / 1 (1.5)　前面道路の路面の中心高さ　12mまで除外　H　適用距離
隣地斜線 （法 56 条 1 項 2 号） 73 頁参照	1.25 / 1 (2.5)　12mまで除外　20mまたは31m　H　▼地盤面　▲隣地境界線
北側斜線 （法 56 条 1 項 3 号） 77 頁参照	N　1.25 / 1　5mまで除外　北側斜線は屋上部分等も突出できないが、斜線の範囲で絶対高さの突出は可能　10m (12m)　H　5m (10m)　▼地盤面　▲隣地境界線
日影規制 （法 56 条の 2、別表第 4） 90 頁参照	5mまで除外　左図は規制の対象になるかどうかを判定するための高さであり、日影規制そのものには5m以下の屋上部分等も対象となる　H (≦10m)　▼地盤面
高度地区 （法 58 条） 93 頁参照	高度斜線　12mまで除外　絶対高さ　北側の隣地等との関係の制限（高度斜線）は屋上部分等も突出できないが、斜線の範囲で絶対高さの突出は可能　▼地盤面　▲隣地境界線
避雷針設置義務 （法 33 条）	塔屋等、高架水槽、煙突、工作物等も含めて高さに算入　H>20m　▼地盤面

高さに不算入

① むね飾、防火壁の屋上突出部その他これらに類する屋上突出部

パイプ、金属等による開放性の高い手すり

1）採光、換気窓等の立上り部分、パイプスペース、ダクトスペース等の立上り部分、躯体からの突出部で軽微なもの

2）鬼瓦、装飾用工作物等、パイプ、金網等の開放性の大きい手すり等

3）避雷針やアンテナ等の建築設備で軽微なもの

② 屋上に設ける広告塔などの工作物は建築物の高さに算入しない

高さに算入

パラペットは構造と一体とみなされるので算入する

パラペット

地盤面の算定は斜面地やからぼりの有無に注意

地盤面は、建築面積、建築物の高さ、軒の高さ、住宅の地階に係る容積率制限の不算入措置の算定の基本となる。

地盤面の算定は、基本的に建築物の「周囲の地面と接する位置」の平均の高さの水平面（令2条2項）で行う。しかし、「周囲の地面と接する位置」の設定には注意が必要である。特に、からぼりを有する場合や盛土を行う場合は、条件によって、その建築物がどの位置のどの高さで周囲の地面と接しているかが異なってくるからである。

また、斜面地の場合は高低差3m以内に1つの地盤面を設定するが、外気に面する大規模な地下室マンションが建設されたことが社会問題となったため、地方公共団体が土地の状況等によって容積率不算入の基準となる地盤面を別に定めることができるようになった（法52条5項）。この条例では多くの場合、高低差3m以内に設定した地盤面のうち、最も低い地盤面を容積率不算入の基準となる地盤面と定めてあることから、その条例が適用される地域では建設できる住宅の延べ面積が大幅に減少してしまうことになる。

地盤面の算定の基本

1 地盤面とは建築物が周囲の地面と接する位置の平均の高さにおける水平面をいう（令2条2項）

2 接する位置の高低差が3mを超える場合は高低差3m以内ごとの平均の高さをとる

①地盤面の基本的な算定方法

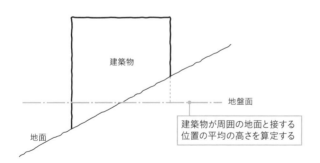

建築物

地盤面

地面

建築物が周囲の地面と接する位置の平均の高さを算定する

②高低差3mを超える場合の算定方法

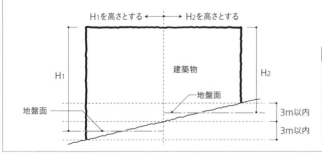

H₁を高さとする ← → H₂を高さとする

H₁

H₂

建築物

地盤面

地盤面

地盤面

3m以内

3m以内

MEMO 日影規制の場合の「平均地盤面」

日影規制の測定面を定める際の「平均地盤面」は、高低差3m以内ごとにはとらない。また、敷地内に複数の建築物がある場合、敷地全体の地盤面の平均をとる。よって日影規制算定における敷地の平均地盤面は、敷地全体で1つである（法56条の2、別表第4）

高低差3m 以内の地盤面の算定

❶ 投影図

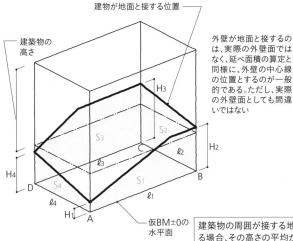

建物が地面と接する位置

建築物の高さ

外壁が地面と接するのは、実際の外壁面ではなく、延べ面積の算定と同様に、外壁の中心線の位置とするのが一般的である。ただし、実際の外壁面としても間違いではない

仮BM±0の水平面

建築物の周囲が接する地面に高低差がある場合、その高さの平均が地盤面となる

❷ 展開図

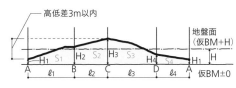

高低差3m以内

地盤面（仮BM+H）

仮BM±0

$$H = \frac{S_1+S_2+S_3+S_4}{\ell_1+\ell_2+\ell_3+\ell_4}$$

H:地盤面の仮BM±0からの高さ
S_1～S_4:建築物がそれぞれの面において地面と接する位置と仮GL±0によって囲まれた部分の面積
ℓ_1～ℓ_4:建築物のそれぞれの面の水平長さ

高低差が3m を超える場合の地盤面の算定と領域設定の平面形状

❶ 投影図

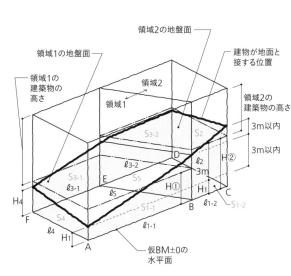

領域2の地盤面

領域1の地盤面

建物が地面と接する位置

領域1の建築物の高さ

領域2

領域1

領域2の建築物の高さ

3m以内

3m以内

3m

仮BM±0の水平面

高低差3mごとのスタートは、最低点からまたは最高点からのどちらでもよい（この計算例では、最低点から3mごとに区分している）[※1]

❷ 平面図

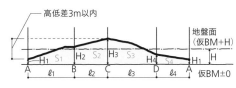

領域1　領域2

領域1・2の境界BEは原則直線とする

$$日影用の平均地盤面 = \frac{S_{1-1}+S_{1-2}+S_2+S_{3-1}+S_{3-2}+S_4}{\ell_{1-1}+\ell_{1-2}+\ell_2+\ell_{3-1}+\ell_{3-2}+\ell_4}$$

❸ 領域 1 の展開図

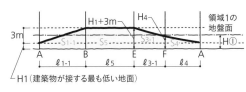

領域1の地盤面

3m

H_1+3m

H_4

H①

H1（建築物が接する最も低い地面）

$$H① = \frac{S_{1-1}+S_5+S_{3-1}+S_4}{\ell_{1-1}+\ell_5+\ell_{3-1}+\ell_4}$$

❹ 領域 2 の展開図

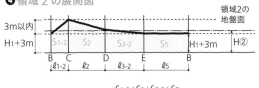

領域2の地盤面

3m以内

H_1+3m

H_1+3m

H②

$$H② = \frac{S_{1-2}+S_2+S_{3-2}+S_5}{\ell_{1-2}+\ell_2+\ell_{3-2}+\ell_5}$$

※1：特定行政庁により扱いが異なる場合がある

高低差が3mを超える敷地で建築物の形状が特殊な場合の地盤面 [※2]

❶ 建築物の形状により高低差3m以内ごとに領域を切り分けた場合

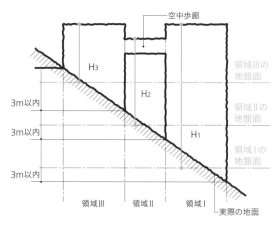

❷ 垂直な面に建築物がある場合

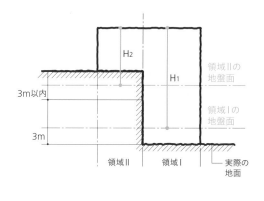

> 地面と接する位置の高低差が3mを超える場合、地盤面の設定は高低差3m以内ごとに行うが建築物が特殊な形状の場合は、建築物の形状に即して決定する

からぼりがある場合の地盤面

❶ 一般的な取扱い

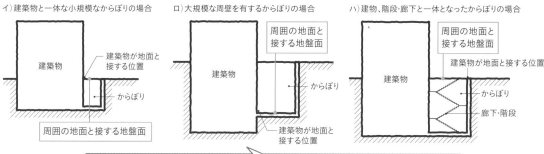

> 小規模なからぼりは建築本体および周壁の外側部分を、大規模なからぼりは、からぼりの底盤の上端を地盤面とする

❷ 特定行政庁による個別の取扱い

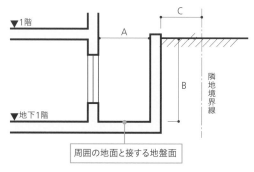

特定行政庁によっては、からぼりの奥行きA>2m、からぼりの高さB>5m、C≦50cmでからぼり底を地盤面とみなすなど、独自の取扱いを公表していることがある。地下室マンションが社会問題となって以降、からぼりの底を地盤面とする取扱いに変更する特定行政庁も増えているので注意する

※2：特定行政庁により扱いが異なる場合がある

■ ピロティがある場合の地盤面

平面図

この部分で地面と接するものとして地盤面を算定する

ピロティ

建築物

立面図

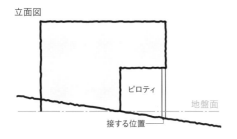

ピロティ

地盤面

接する位置

ピロティなどがある建築物の場合、実際に地面と接しているのは柱の周りであり、はね出している建築物の部分は直接地面と接していない。しかし、この建築物の部分の高さを実際に地面に接している柱の周りの地盤面からの高さと考えることには不合理がある。そのため、建築物の最も外側にある壁等の中心線を結んだ位置を、「周囲の地面と接する位置」として地盤面を算定する

ピロティでは柱、壁等の中心線を結んだ位置を「周囲の地面と接する位置」とする

■ 容積率制限における地盤面の算定

❶ 一般的な地盤面の設定例（法52条4項）

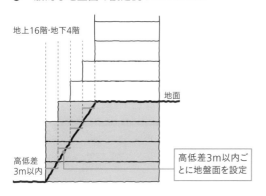

地上16階・地下4階

地面

高低差
3m以内

高低差3m以内ごとに地盤面を設定

❷ 条例による地盤面の設定例（法52条5項）

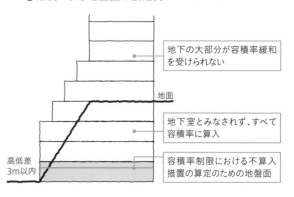

地下の大部分が容積率緩和を受けられない

地面

地下室とみなされず、すべて容積率に算入

高低差
3m以内

容積率制限における不算入措置の算定のための地盤面

図①では住宅地下室は住宅全体の床面積の1／3を限度に容積率不算入となるが、図②の位置に地盤面を設定すると、その地盤面より上の地階はすべて地下室とみなされ、容積率に算入することになる

凡例 　　　　：住宅地下室（容積率に不算入）
　　　　　　　　：容積率算定に係る地盤面

MEMO　条例による地盤面設定の条件

容積率制限において住宅の地下室部分を算定する場合の地盤面の算定方法は、原則として上図①であるが、近年、斜面地における大規模な地下室マンションが建設され、社会問題となったため、平成16年6月の法改正により、以下の条件のもと、地方公共団体の条例で独自に地盤面を定められるようになった（法52条5項）（上図②）。
東京都、神奈川県、兵庫県では、この条例を定めている行政が多い

イ）建築物が周囲の地面と接する位置のうち最も低い位置の高さ以上の高さに定める

ロ）周囲の地面と接する位置の高低差が3mを超える建築物については、その接する位置のうち最も低い位置からの高さが3mを超えない範囲内で定める

ハ）周囲の地面と接する位置の高低差が3m以下の建築物については、その接する位置の平均の高さを超えない範囲内で定める

盛土を行った場合の地盤面の算定 [※3]

❶ 原則

盛土前

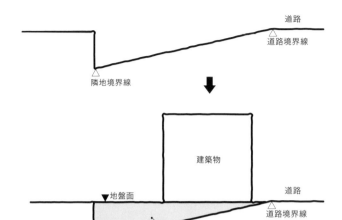

盛土後

敷地の衛生上、安全上必要な盛土後に建築物が接する位置を「周囲の地面と接する位置」とすることができるが、そのためには敷地の衛生上、安全上の必要性が高く、一定の広がりをもっていることが必要

MEMO 造成面の広がりにより地盤面のとり方が異なる

都市計画法に基づく開発許可または宅地造成等規制法に基づく宅地造成許可を得た造成面を利用して建築する場合の地盤面は、原則としてその造成後の地表面を建築物が周囲の地面と接する位置として算定する。ただし、建築物の接する位置から周囲の地面と連続していて一定の水平の広がり（D）を有しない造成面については、適切な位置を「周囲の地面と接する位置」とする

イ）好ましくない例Ⅰ

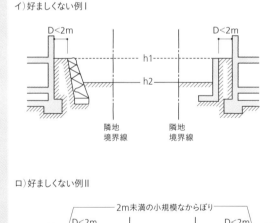

建築物が接する地面の（「土」を入れることの可能な）有効寸法Dに一定の水平な広がりが認められない場合（D<2m）、h2を建築物が周囲の地面と接する位置とする

ロ）好ましくない例Ⅱ

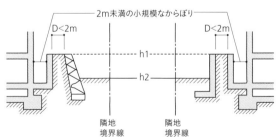

建築物本体と一体的な周壁を有する小規模のからぼり等がある場合には、その建築物および周壁の外側の部分を「周囲の地面と接する位置」とする。しかし、建築物が接する地面の有効寸法Dに周囲の地面と連続していて一定の水平な広がりが認められない場合（D<2m）、h2を建築物が周囲の地面と接する位置とする

※3：特定行政庁により扱いが異なる場合がある

❷ 局所的な盛土を行った場合

基本

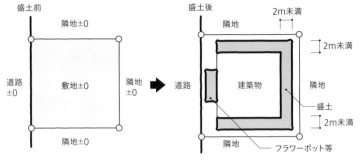

局部的な盛土とは花壇などの部分的な盛土で容易に撤去可能なものをいう。この場合、盛土後の接する位置以外の適当な位置を「周囲と接する位置」とする

例外

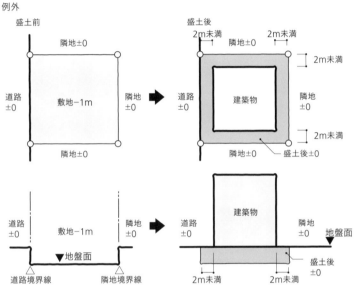

建築物の接する位置から2m以上の水平な広がりをもたないが、隣地境界線または道路境界線まで、それぞれ隣地または道路の高さと同程度まで盛土した場合は、水平な広がりが小規模であっても、盛土後の地盤面を「周囲と接する位置」とする

❸ 敷地の衛生上、安全上必要な範囲を超える盛土の場合

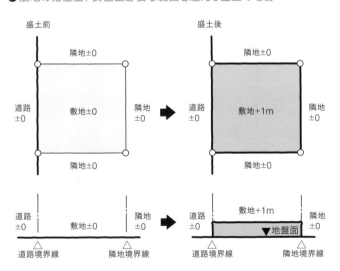

「敷地の衛生上、安全上必要な範囲の盛土」は、敷地が道路より低い場合等で、敷地内排水、避難経路の確保に必要な範囲の盛土と考えられる。それ以外の場合は、現状の地盤面を「周囲の地面と接する位置」とする

> 敷地の衛生上、安全上またはその他の必要性が認められないものは現状の地盤面を「周囲と接する位置」とすべきである

建築物の高さは12（5）mまで不算入となる屋上部分に注意

建築物の最高高さは、原則として地盤面から建築物の最も高い部分までを算定する。ただし、道路斜線やセットバックによる道路斜線の緩和等により建築物から除かれる部分の高さは、前面道路の路面の中心の高さから算定する。

小規模な階段室、昇降機塔等の「屋上部分」の水平投影面積が建築面積の1／8以内であれば、階とみなされず、一定の高さを限度として建築物の高さに不算入となる。ただし、面積の条件を満たしても、通常の居室や下階の部分と用途上一体として使用される物置専用の室など、用途によっては階とみなされ、建築物の高さに不算入の「屋上部分」とならないケースもある。

また、太陽光発電設備等を建築物の屋上に設ける場合、この設備を建築物の高さに算入しても 建築基準関係規定に適合する場合は、屋上部分以外の建築物の部分として扱われるので、既存の建築物で建築面積の1／8近くを屋上部分で占める場合でも、太陽光発電設備等の設置ができる。

建築物の高さの算定方法の基本

1　建築物の高さは原則として「地盤面」からの算定

2　道路斜線、セットバックによる道路斜線の緩和（令130条の12）や、前面道路幅員による容積率制限の適用が緩和される壁面線等からの小規模な突出物の算定の場合（令135条の19）には、高さは前面道路の路面の中心から算定する

3　避雷設備、北側斜線制限、高度地区の北側斜線制限の場合を除き、階段室等の建築物の「屋上部分」の水平投影面積の合計が建築面積の1／8以内の場合、「屋上部分」の高さは12（5）mまではその建築物の高さに算入しない

4　棟飾り等の屋上突出物は、その建築物の高さに算入しない

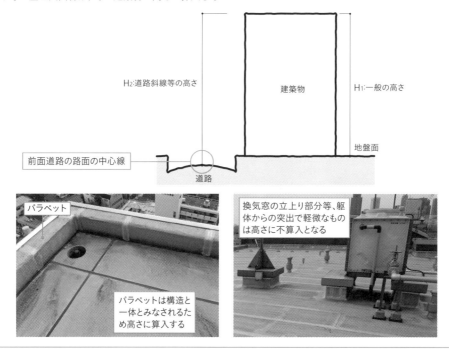

H_2:道路斜線等の高さ　建築物　H_1:一般の高さ

前面道路の路面の中心線　地盤面

道路

パラペット

パラペットは構造と一体とみなされるため高さに算入する

換気窓の立上り部分等、躯体からの突出で軽微なものは高さに不算入となる

高さ不算入の屋上部分とみなすケース・みなさないケース

高さに算入しない「階段室、昇降機塔、装飾塔、物見塔、屋窓その他これらに類する建築物の屋上部分」（令2条1項6号ロ）とは、その部分以外の建築物の屋根面より高い位置に設けられるもののうち、通常、人が進入せず、用途・機能・構造上、屋上に設けることが適当であるもの

❶ 高さに不算入の屋上部分とみなすケース

イ）階段室、昇降機塔、装飾塔（時計塔、教会の塔状部分等）、物見塔、屋窓

ロ）昇降路と同程度の規模の昇降ロビー

ハ）屋上に設けることが適当な機械室等（吊上式自動車車庫等の機械室等）

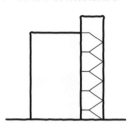 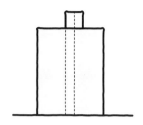 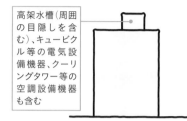

高架水槽（周囲の目隠しを含む）、キュービクル等の電気設備機器、クーリングタワー等の空調設備機器も含む

❷ 高さに不算入の屋上部分とみなさないケース

イ）居室を有するケース

ロ）倉庫を有するケース

ハ）吹抜きを有するケース

 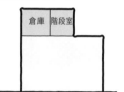 

凡例 ▨ :高さ不算入の屋上部分とみなさない部分

屋上面が複数存在する場合

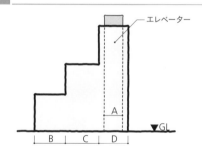

エレベーター

▼GL

B C D

屋上面が複数存在する場合は、個々の屋上面の屋上部分の水平投影面積の合計と全体の建築面積との比較により判断する。屋上部分の水平投影面積の合計が個々の屋上部分の水平投影面積の合計の1／8以内の場合、その屋上部分の高さが12m（絶対高さの制限、日影規制の場合は5m）までは「建築物の高さ」に算入しない

A＞D×1／8でもA≦（B＋C＋D）×1／8
ならば

⬇

屋上部分は建築物の高さに不算入となる

太陽光発電設備を設置する場合の高さの算入・不算入の取り扱い

建築物の屋上に設置する太陽光発電設備等については、建築物の高さに算入しても建築基準関係規定に適合する場合は、令第2条第1項第6号ロに規定する「階段室、昇降機塔、装飾塔、物見塔、屋窓その他これらに類する建築物の屋上部分」以外の建築物の部分として取り扱う。建築確認のための基準総則・集団規定の適用事例による下記①、②の取扱いがある

❶ 高さ不算入の屋上突出物とみなすケース

❷ 太陽光発設備の頂部〔※〕を高さとみなすケース

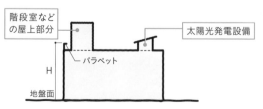

階段室などの屋上部分

太陽光発電設備

パラペット

H

地盤面

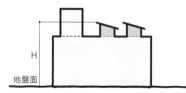

H

地盤面

太陽光発電設備を屋上部分として高さに算入しても、建築基準関係規定に適合し、階段室などの屋上部分と太陽光発電設備の水平投影面積の合計が1／8以下の場合は、「建築物の高さ」に算入しない

太陽光発電設備を高さに算入しても建築基準関係規定に適合し、階段室などの屋上部分と太陽光発電設備の水平投影面積の合計が1／8超の場合は、「建築物の高さ」は太陽光発電設備の頂部となる

※ ：太陽光発電設備の高さの算定方法は、屋上床面の設置面から太陽光発電設備の最高高さまで

屋上部分の高さの算入・不算入の取り扱い

建築物の屋上部分については、避雷設備、北側斜線、高度地区の北側斜線を除き、「階段室、昇降機塔、装飾塔、物見塔、屋窓その他これらに類する建築物の屋上部分」の水平投影面積の合計が建築面積の1／8以内の場合、その屋上部分の高さが12m（絶対高さの制限、日影規制の場合は5m）までは「建築物の高さ」に算入しない（令2条1項6号）

凡例 ▨：高さに不算入の部分

❶避雷針の場合

屋上部分であっても、高さ20mを超える部分がある場合は避雷針が必要

階段室等

20m　建築物

地盤面

❷北側斜線制限、高度地区における北側斜線の場合

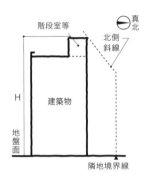

階段室等

真北

北側斜線

H　建築物

地盤面

隣地境界線

❸絶対高さの制限、日影規制の対象建築物判断の場合

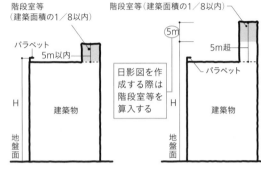

階段室等（建築面積の1／8以内）

パラペット

5m以内

H　建築物

地盤面

日影図を作成する際は階段室等を算入する

階段室等（建築面積の1／8以内）

5m

5m超

パラペット

H　建築物

地盤面

❹その他の規定

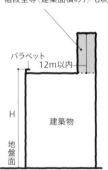

階段室等（建築面積の1／8以内）

パラペット

12m以内

H　建築物

地盤面

階段室等（建築面積の1／8以内）

12m

12m超

パラペット

H　建築物

地盤面

❺建築面積の1／8超の階段室の場合

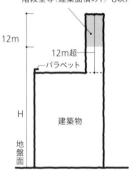

階段室等（建築面積の1／8超）

パラペット

H　建築物

地盤面

❻勾配屋根に建つ屋上部分

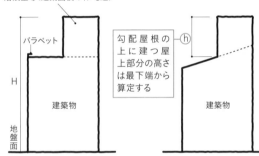

勾配屋根の上に建つ屋上部分の高さは最下端から算定する

h

建築物

「むね飾、防火壁の屋上突出部その他これらに類する屋上突出物」は、その建築物の高さには算入しない！

MEMO 屋上突出物の取扱い

「むね飾、防火壁の屋上突出部その他これらに類する屋上突出物」は、その建築物の高さには算入しない（令2条1項6号ハ）。この「屋上突出物」とは、建築物の屋上に部分的に設置され、屋内的空間を有しないものをいう。

屋上突出部とみなされるもの
・建築物の躯体の軽微な突出部（採光、換気窓等の立上り部分、パイプ、ダクトスペース等の立上り部分、箱むね）
・軽微な外装等部材（鬼瓦、装飾用工作物等[装飾塔に類するものを除く]、手すり[開放性の大きいもの]）
・軽微な建築設備（避雷針、アンテナ等）
・建築物と一体的な煙突

屋上突出部とみなされない
・パラペット（屋上部分の周囲全体に設けられるため、部分的とは考えられない）

高さ

絶対高さと軒高は
地盤面から算定する

　絶対高さは、第1・2種低層住居専用地域内または田園住居地域内の建築物の高さを 10m または 12m のうち、その地域の都市計画で定められたほうの高さに制限する規定である。起点は地盤面で、屋上突出部等は 5m を限度に高さから除かれる。

　軒高は、原則として「地盤面から建築物の小屋組ま

たはこれに代わる横架材を支持する壁、敷げた又は柱の上端までの高さ」(令2条1項7号)。片流れ屋根の場合は、原則として高い側の軒の高さを建築物の軒の高さとするが、木造の場合、小屋組のつくりによって部材構成が異なるため、どこを軒の高さとみなすか判断が分かれる場合があるので確認が必要である。

絶対高さの算定の基本

1 第1・2種低層住居専用地域内または田園住居地域内では建築物の高さは 10m または 12m のうち、その地域の都市計画で定められた建築物の高さの限度を超えてはならない。その高さのことを「絶対高さ」という(法55条)

2 都市計画で 10m と定めた地域で、敷地面積 ≧ 1,500㎡ [※1]かつ空地率[※2]≧(1 − 建蔽率)+ 1／10[※3]を満たす場合、高さの限度を 12m とする(特定行政庁の認定が必要)

3 再生可能エネルギー源[※4]の利用に資する設備の設置のために必要な屋根に関する工事その他の屋外に面する建築物の部分に関する工事を行う建築物で、構造上やむを得ないものとして国土交通省令で定めるものであり、特定行政庁が低層住宅にかかる良好な住居の環境を害するおそれがないと認めて許可したものの高さは、その許可の範囲内においてこれらの規定による限度を超えるものとすることができる

4 敷地の周囲に広い公園等の空地がある建築物や学校等の建築物で、特定行政庁が建築審査会の同意を得て許可した建築物については、絶対高さの制限は適用されない(法55条4項)

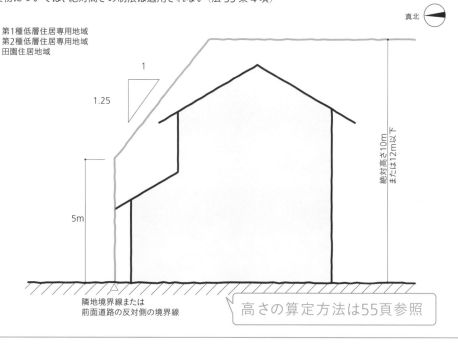

真北

第1種低層住居専用地域
第2種低層住居専用地域
田園住居地域

1
1.25

絶対高さ10m
または12m以下

5m

隣地境界線または
前面道路の反対側の境界線

高さの算定方法は55頁参照

※1：地方公共団体の規則で 750㎡ ≦敷地面積＜1,500㎡の範囲で定めた場合は、その値　※2：敷地面積に対する空地面積の割合　※3：建蔽率の指定のない地域：空地率≧1／10　※4：太陽光、風力その他非化石エネルギー源のうち、エネルギー源として永続的に利用することができると認められるもの

軒高の算定の基本

1 軒高の算定は、地盤面から、「建築物の小屋組またはこれに代わる横架材を支持する壁、敷桁又は柱の上端までの高さ」までを測る（令2条1項7号ほか）

2 セットバックによる道路斜線制限の特例の場合（令130条の12第1項イ）には、前面道路の路面の中心の高さが起点となる

3 「建築物の高さ」に算入されない階段室等の屋上部分［62頁参照］は、軽微な部分であるため、軒高は建築物の本体部分で算定することが妥当と考えられる

❶ 構造・小屋組別の軒の高さ

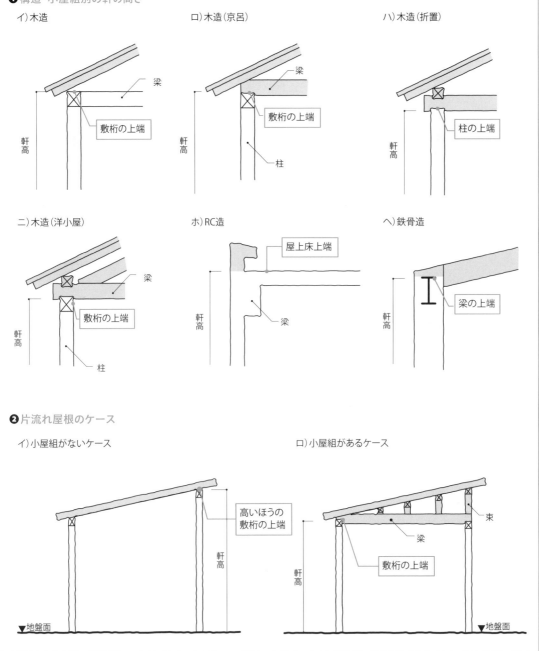

イ）木造

ロ）木造（京呂）

ハ）木造（折置）

ニ）木造（洋小屋）

ホ）RC造

ヘ）鉄骨造

❷ 片流れ屋根のケース

イ）小屋組がないケース

ロ）小屋組があるケース

道路斜線、高さは前面道路の路面の中心の高さから算定

高さ

道路斜線制限とは、道路および沿道の建築物の採光、通風などの環境を確保するため、道路を挟んで建つ建築物相互間のルールを定めるとともに、道路上空をある角度をもって開放空間として確保し、その道路に接する建築物の日照、採光、通風、開放性に支障をきたすようなビルの谷間をつくらないようにするために設けられた制限である。

道路斜線制限による建築可能範囲は、前面道路の幅員、斜線勾配、適用する水平距離によって決まる。

建築可能範囲は、道路幅員が広いほど有利になる。

斜線勾配はその敷地の用途地域によってそれぞれ定められており、適用する水平距離はその敷地の用途地域と基準容積率によりそれぞれ定められている。住居系地域が勾配1.25と最も厳しいが、前面道路の幅員が12m以上の場合、住居系地域でも緩和の措置が受けられる。

これらの道路斜線の起点となる高さは、その前面道路の道路中心の高さとなる。

なお、建築物の高さに不算入となるような屋上部分［※1］は、道路斜線制限の場合、12mを限度として高さに含まなくてよい［※2］。

建築可能範囲は道路幅員が広いほど有利になる

道路からの斜線により建築物の高さを制限

CHECK
建築物の各部分の高さは、原則として前面道路の反対側の境界線からの水平距離に、住宅系地域は1.25、それ以外の地域は1.5（用途地域の指定のない区域では、1.25または1.5を特定行政庁が定める）を乗じた数値以下としなければならない

道路中心線

道路高さ制限による建築物の高さの起点は、前面道路の路面の中心の高さとなる

※1：階段室等の建築物の「屋上部分」の水平投影面積の合計が建築面積の1／8以内の場合、「屋上部分」の高さは12mまではその建築物の高さに算入しない（令2条1項6号ロ）　※2：軒樋なども建築物の一部とみなされ、適用範囲内に納める必要がある

道路斜線の算定方法の基本

1 道路斜線では、建築物の各部分の高さは、その部分から前面道路の反対側の境界線までの水平距離に応じて制限されること（法56条1項1号）

2 住居系用途地域の斜線勾配は1.25、それ以外の用途地域は1.5

3 道路斜線制限の適用距離は、その敷地の用途地域と容積率（都市計画で定められた容積率制限または前面道路による容積率制限で小さいほう）により異なる

4 道路斜線制限による建築物の高さは前面道路の路面の中心からの高さ（令2条1項6号イ）

❶ 住居系用途地域

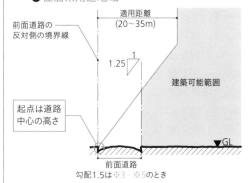

前面道路の反対側の境界線
適用距離（20〜35m）
1.25 / 1
建築可能範囲
起点は道路中心の高さ
前面道路
勾配1.5は※3〜※5のとき
▼GL

❷ 住居系以外の用途地域

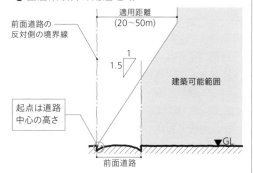

前面道路の反対側の境界線
適用距離（20〜50m）
1.5 / 1
建築可能範囲
起点は道路中心の高さ
前面道路
▼GL

道路斜線制限（法56条1項1号、法別表第3）

適用地域	容積率の限度（S：%）（法52条1·2·7·9項）	斜線制限が適用される距離	斜線勾配
第1種低層住居専用地域 第2種低層住居専用地域 第1種中高層住居専用地域 第2種中高層住居専用地域 第1種住居地域［※3］ 第2種住居地域［※3］ 準住居地域［※3］ 田園住居地域	S ≦ 200	20m	1.25
	200 < S ≦ 300	25m（20）［※4］	1.25（1.5）［※4］［※5］
	300 < S ≦ 400	30m（25）［※4］	
	400 < S	35m（30）［※4］	
近隣商業地域 商業地域	S ≦ 400	20m	1.5
	400 < S ≦ 600	25m	
	600 < S ≦ 800	30m	
	800 < S ≦ 1,000	35m	
	1,000 < S ≦ 1,100	40m	
	1,100 < S ≦ 1,200	45m	
	1,200 < S	50m	
準工業地域［※3］ 工業地域 工業専用地域	S ≦ 200	20m	
	200 < S ≦ 300	25m	
	300 < S ≦ 400	30m	
	400 < S	35m	
用途地域の指定のない区域	S ≦ 200	20m	1.25、または1.5［※6］
	200 < S ≦ 300	25m	
	300 < S	30m	

※3：第1·2種住居地域、準住居地域、準工業地域内の高層住居誘導地区内で、住宅部分の面積≧延べ面積×2／3の建築物における斜線制限が適用される距離は35m、斜線勾配は1.5となる　※4：（ ）内は特定行政庁が都市計画審議会の議を経て指定する区域の数値　※5：第1·2種中高層住居専用地域、第1·2種住居地域、準住居地域において前面道路幅員≧12mの場合で、前面道路反対側の境界線からの水平距離≧前面道路幅員×1.25以上の区域においては1.5　※6：1.25か1.5かは、特定行政庁が都市計画審議会の議を経て定める

建築物がセットバックした場合の緩和

❶ 基本

立面図

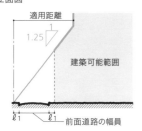

適用距離

1.25

建築可能範囲

ℓ₁　ℓ₁　前面道路の幅員

平面図

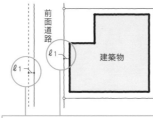

前面道路

ℓ₁

建築物

> 前面道路の反対側の境界線は、建築物のセットバックの距離ℓ₁分だけ外側にあるとみなす

❷ 敷地に複数の建物がある場合

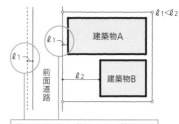

ℓ₁＜ℓ₂

建築物A

ℓ₁

前面道路

ℓ₂

建築物B

> 前面道路ごとに敷地単位で算定するので、建築物AもBも後退距離はℓ₁でとる

MEMO 後退距離の算定から除かれるもの（令130条の12）

1）物置、自転車置場、その他これらに類する用途に供するもので以下の要件を満たすもの
　　a: 軒高≦2.3m かつ床面積の合計≦5㎡
　　b: 当該部分の水平投影の前面道路に面する長さが敷地の前面道路に接する部分の水平投影の長さに対し1／5以下であること（間口率≦1／5）
　　c: 当該部分の前面道路境界線からの後退距離≧1m

2）ひさし、ポーチその他これらに類するもので以下の要件を満たすもの a: 前面道路の中心からの高さ≦5m
　　b:1)のb、cと同じ

3）道路に沿って設けられる門または塀で次の要件を満たすもの
　　a: 前面道路の中心からの高さ≦2m
　　b: 当該部分で高さが1.2mを超えるものは、その超える部分を網状その他これに類する形状としたもの

4）隣地境界線に沿って設けられる門、塀

5）歩廊、渡り廊下その他これらに類する部分で、特定行政庁がその地方の気候や風土の特殊性を考慮して規則で定めたもの

6）建築物の部分で高さが1.2m以下のもの

後退距離の算定から除かれる物置等の例

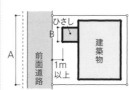

物置等5㎡以内

B

A　前面道路

1m以上

建築物

軒高≦2.3m以下（前面道路の路面の中心の高さから測る）

後退距離

建築物

$\dfrac{B}{A}≦1／5$

1m以上

後退距離の算定から除かれるひさし等の例

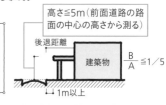

ひさし

B

A　前面道路

1m以上

建築物

高さ≦5m（前面道路の路面の中心の高さから測る）

後退距離

建築物

$\dfrac{B}{A}≦1／5$

1m以上

> 後退距離とみなすセットバック部分に建築できるものもある（令130条の12）

> 隣地境界線に沿って設ける門・塀は後退部分にも建築可能

> 2m以下

> 1.2m以下

> 1.2mを超える部分は金網、フェンスなどとする

> 1.2m以下

> 目隠しとして使用する場合の植栽は、建築物ではないため、高さの制限はない

住居系地域で前面道路幅員が12m以上の場合の特例

❶基本

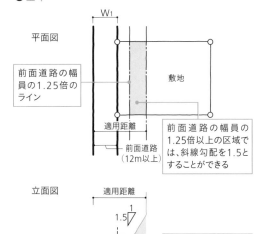

平面図

前面道路の幅員の1.25倍のライン

敷地

適用距離

前面道路（12m以上）

前面道路の幅員の1.25倍以上の区域では、斜線勾配を1.5とすることができる

立面図

適用距離

前面道路の幅員の1.25倍のライン

前面道路 W₁

❷セットバックした場合

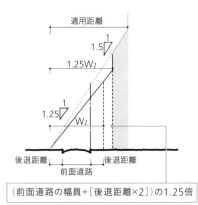

適用距離

1.25W₂

後退距離 前面道路 後退距離

（前面道路の幅員＋［後退距離×2］）の1.25倍

前面道路から後退している場合は、前面道路の反対側に後退距離を加えた位置から、前面道路の幅員に後退距離の2倍を加えた数値を1.25倍した数値以上の区域では、斜線勾配を1.5とすることができる

凡例 □：斜線勾配1.25の区域
▨：斜線勾配1.5の区域

第1・2種中高層住居専用地域、第1・2種住居地域、準住居地域で前面道路幅員12m以上の場合、前面道路の反対側の境界線からの水平距離（適用距離）が前面道路の幅員の1.25倍未満の区域では斜線勾配は1.25、適用距離が前面道路幅員の1.25倍以上の区域では、斜線勾配1.5とすることができる（法56条3項）

前面道路の反対側に公園等がある場合の緩和

❶基本

平面図

公園等 道路 敷地

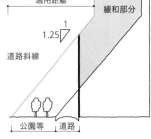

立面図

適用距離 緩和部分

道路斜線

公園等 道路

前面道路の反対側に公園等がある場合、前面道路の反対側の境界線は公園等の反対側の境界線の位置にすることができる（法56条6項、令134条）。セットバックした場合は、その分だけ公園の反対側に道路斜線の起点が移動し緩和される

❷2面道路と公園等による緩和（例）

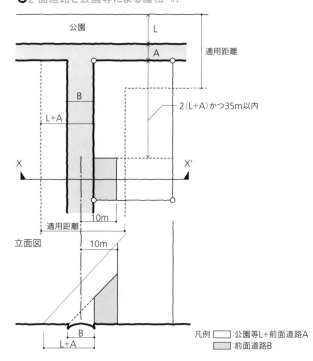

公園

適用距離

2（L＋A）かつ35m以内

X ———— X'

10m

立面図

10m

凡例 □：公園等L＋前面道路A
▨：前面道路B

2 以上の前面道路に接する敷地の場合

❶ セットバックしない場合

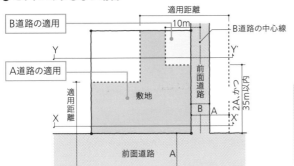

2以上の前面道路がある場合、敷地の一定範囲の部分については、すべての前面道路が幅員の広い道路と同じ幅員を有するものとみなす（法56条6項、令132条）。その他の区域は、実際に接する前面道路幅員により算定する

> 「一定範囲の部分」とは、①広い道路Aの幅員の2倍かつ35m以内の区域、②他の前面道路Bの中心線から10mを超える区域のこと

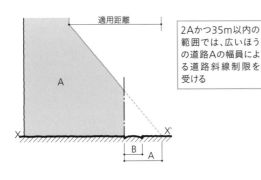

2Aかつ35m以内の範囲では、広いほうの道路Aの幅員による道路斜線制限を受ける

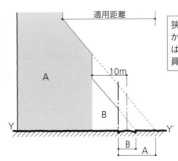

狭いほうの道路の中心線から10m以内の範囲では、狭いほうの道路Bの幅員による斜線制限を受ける

❷ セットバックする場合

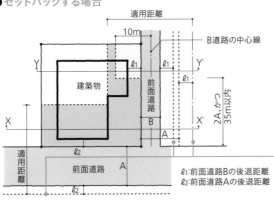

前面道路の反対側の境界線とみなされる線

ℓ_1:前面道路Bの後退距離
ℓ_2:前面道路Aの後退距離

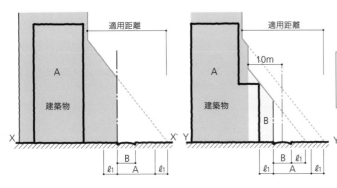

セットバックをした場合、1の道路に面する場合と同様、前面道路からの後退距離分だけ、前面道路の反対側の境界線も外側にあるとみなし、そこを道路斜線の起点とする緩和を受ける

敷地が2以上の地域等にまたがる場合の道路斜線

❶ 前面道路の手前と奥で変わる場合

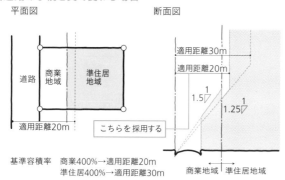

平面図　　　　　　断面図

建築物の敷地が2以上の地域等にわたる場合、適用距離は前面道路に面する方向にある地域の制限を受け、斜線の勾配はその部分の属するそれぞれの地域等の制限を受ける（法別表第3備考2号、令130条の11）

道路　商業地域　準住居地域

適用距離20m

こちらを採用する

基準容積率　商業400%→適用距離20m
　　　　　　準住居400%→適用距離30m

商業地域　準住居地域

❷ 前面道路に面する地域が❶と入れ替わり、斜線勾配が異なる場合

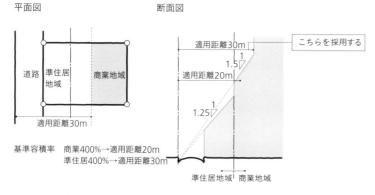

平面図　　　　　　断面図

道路　準住居地域　商業地域

適用距離30m

こちらを採用する

基準容積率　商業400%→適用距離20m
　　　　　　準住居400%→適用距離30m

準住居地域　商業地域

前面道路が敷地より1m以上低い場合

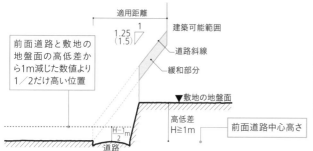

前面道路と敷地の地盤面の高低差から1m減じた数値より1／2だけ高い位置

適用距離

1.25（1.5）／1　建築可能範囲

道路斜線

緩和部分

▼敷地の地盤面

$\frac{H-1}{2}$m

道路

高低差 H≧1m

前面道路中心高さ

前面道路が敷地より1m以上低い場合、前面道路はその高低差から1m減じた数値の1／2だけ高い位置にあるものとみなす（法56条6項、令135条の2）

ただし、特定行政庁は地形の特殊性により規則で地盤面を定めることができるので、事前に確認すること

敷地と道路に高低差がある場合

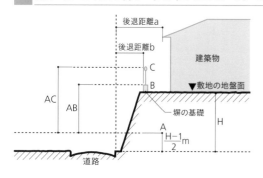

後退距離a

後退距離b

建築物

C

B

▼敷地の地盤面

AC

AB

塀の基礎

A

$\frac{H-1}{2}$m

H

道路

① AからCまでの高さが2m以下の場合、② AからBまでの高さが1.2m以下で、BからCまでの部分を「網状その他これに類する形状」とした場合、擁壁の上部に設けた塀等の高さは、前面道路の中心からの高さとなる。また敷地の地盤面が前面道路の中心より1m以上高い場合、高低差緩和でみなされた位置からの高さとみなす（令135条の2）

A：高低差緩和でみなされた道路の路面の中心の高さ
B：塀（透過性なし）の上端
C：フェンス（透過性あり）の上端

高さ

隣地斜線は各部分の高さ +20(31)m で勾配が1.25(2.5)

隣地斜線制限は、隣地境界線からの距離に応じて建築物の高さを制限する（法56条1項2号）。隣地境界付近の建物の高層化による採光・通風などの悪化を抑止するために設けられた制限である。

用途地域ごとにそれぞれ定められた制限を受ける。

第1・2種低層住居専用地域または田園住居地域では絶対高さ制限 [65頁参照] があり、隣地斜線制限は適用されない。算定方法において道路斜線制限と異なるのは、隣地斜線には適用距離がないこと、隣地斜線の起点は地盤面からになることである。

隣地斜線の算定の基本

1 建築物の各部分の高さは隣地境界線までの距離に応じて制限される（第1・2種低層住居専用地域、田園住居地域を除く）（法56条1項2号）

2 住居系地域（第1・2種低層住居専用地域、田園住居地域を除く）各部分の高さ ≦ 1.25 ×隣地境界線までの距離 + 20m

3 そのほかの用途地域　各部分の高さ ≦ 2.5 ×隣地境界線までの距離 + 31m

4 第1・2種中高層住居専用地域（容積率の限度が300%以下）以外の住居系用途地域は、特定行政庁が都市計画審議会の議を経て指定した区域では勾配、立上り高さ制限が緩和される（2.5L、31m）ほか、住居系用途地域以外で特定行政庁が都市計画審議会の議を経て指定する区域であれば隣地斜線制限自体適用除外にできる

5 都市計画道路で法42条1項4号に該当しないもの、または法68条の7第1項の規定により指定された予定道路（令131条の2第2項の適用を受けたもの）を前面道路とみなす場合、その計画道路または予定道路内の隣地境界線はないものとみなす（法56条6項、令135条の3第1項3号）

隣地斜線制限（法56条1項2号）

適用地域	立上りの高さ	勾配
第1種中高層住居専用地域 第2種中高層住居専用地域 第1種住居地域、第2種住居地域 準住居地域	H>20m H>31m[※]	1.25 2.5[※]
近隣商業地域 商業地域 準工業地域 工業地域 工業専用地域	H>31m	2.5
用途地域の指定のない区域	H>20m	1.25
	H>31m[※]	2.5[※]

❶住居系用途地域　　　　**❷住居系以外の用途地域**

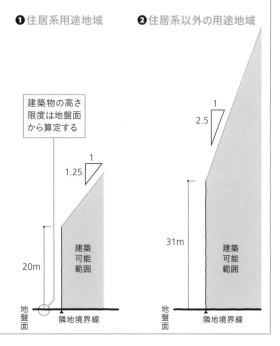

建築物の高さ限度は地盤面から算定する

※：特定行政庁が都市計画審議会の議を経て指定する

敷地が2以上の地域等にわたる場合

❶ 隣地側が住居系用途地域の場合

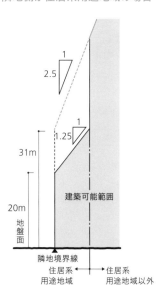

31m
20m
地盤面
1
2.5
1
1.25
建築可能範囲
隣地境界線
住居系
用途地域 ← → 住居系
用途地域以外

❷ 隣地側が住居系用途地域以外の場合

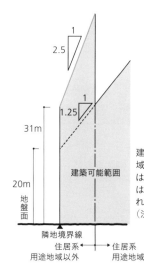

31m
20m
地盤面
1
2.5
1
1.25
建築可能範囲
隣地境界線
住居系
用途地域以外 ← → 住居系
用途地域

建築物の敷地が2以上の地域等にわたる場合においては、建築物の各部分の高さはその部分が属するそれぞれの地域等の制限を受ける（法56条5項）

セットバックした場合の緩和

❶ 平面図

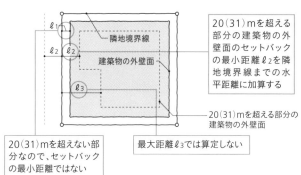

ℓ₁
ℓ₂ ℓ₂
ℓ₃
隣地境界線
建築物の外壁面

20（31）mを超える部分の建築物の外壁面のセットバックの最小距離ℓ₂を隣地境界線までの水平距離に加算する

20（31）mを超える部分の建築物の外壁面

20（31）mを超えない部分なので、セットバックの最小距離ではない

最大距離ℓ₃では算定しない

❷ 立面図

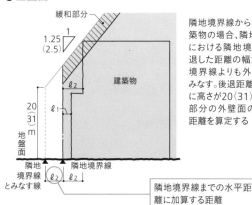

緩和部分
1.25
（2.5）
1
建築物
ℓ₂
ℓ₁
20
（31）
m
地盤面
隣地境界線
隣地境界線
とみなす線
ℓ₂ ℓ₂

隣地境界線から後退した建築物の場合、隣地斜線制限における隣地境界線は、後退した距離の幅だけ本来の境界線よりも外側にあるとみなす。後退距離は図のように高さが20（31）mを超える部分の外壁面の最小後退距離を算定する

隣地境界線までの水平距離に加算する距離

地盤面が隣地より低い場合

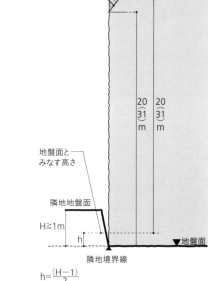

緩和された隣地斜線
緩和のないときの隣地斜線

20
31
m
20
31
m

地盤面とみなす高さ
隣地地盤面
H≧1m
h
地盤面
隣地境界線

$$h=\frac{(H-1)}{2}$$

地盤面が隣地の地盤面より1m以上低い場合、地盤面は高低差から1m減じた数値の1／2だけ高い位置にあるものとみなす（法56条6項、令135条の3第1項2号）

> ただし、特定行政庁は地形の特殊性により規則で地盤面を定めることができるので、事前に確認すること

敷地が公園等、空地に接する場合の緩和

❶基本

イ)平面図

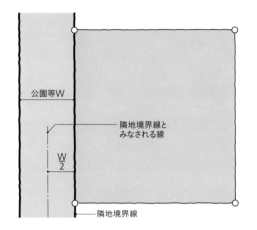

❷セットバックがある場合

イ)平面図

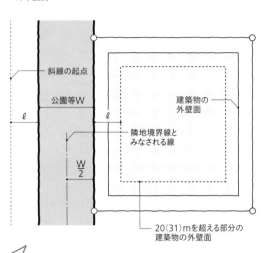

> セットバックしている場合は、公園等の幅の1／2にセットバックの最小距離を加算した距離だけみなし隣地境界線から外側の位置が斜線の起点となる

ロ)立面図

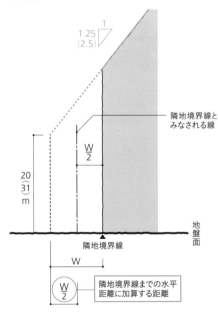

ロ)立面図

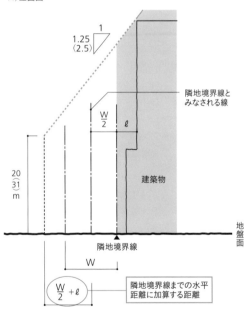

敷地が公園等(都市公園法施行令2条1項1号の都市公園を除く)の空地に接する場合、隣地斜線制限における隣地境界線は、公園等の幅の1／2だけ外側にあるものとみなす(法56条6項、令135条の3第1項1号)。
この場合、みなし境界線からW／2だけセットバックしていると考えられる。そのため、みなし境界線からW／2外側の位置を起点とする

隣地または前面道路の反対側に高速道路・鉄道の高架橋がある場合

前面道路内に高速道路の高架橋がある場合や、前面道路の反対側に高速道路や鉄道の高架がある場合は、いずれもその部分を令134条の「公園、広場、水面その他これらに類するもの」とみなし、これらの高速道路や鉄道の高架橋の反対側の境界線を前面道路の反対側の境界線とみなして道路斜線の緩和を受けることができる。

この高架橋の下を、倉庫や店舗等の建築物として利用していても「公園、広場、水面その他これらに類するもの」とみなすことができるが、当初から高架橋の下を店舗等に利用していた場合は公園等とみなさない取り扱いをしている特定行政庁もあるので、確認しておく必要がある。また、線路敷の場合で、駅舎に面していたり、あるいは駅舎等の建築物が建築予定であることが確実である場合においては公園等とみなさないので、注意を要する。

なお、自動車専用道路については、法44条の道路内の建築制限の規定を除き、道路としての扱いはしないため、公園、広場等と同様な隣地扱いとなる。したがって、隣地斜線については、その幅の1／2までが緩和の対象となることに注意が必要である。

❶ 道路斜線の場合

イ) 原則の考え方

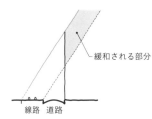

緩和される部分

線路　道路

ロ) 高架橋の場合

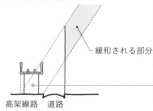

緩和される部分

高架線路　道路

> 高架下を倉庫や店舗に利用しても可。ただし、当該建築物の建築前から利用していた場合は公園等とみなさない特定行政庁もあるので、確認が必要

❷ 隣地斜線の場合

イ) 原則

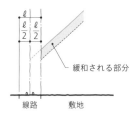

ℓ　$\frac{\ell}{2}$　$\frac{\ell}{2}$

緩和される部分

線路　敷地

ロ) 高架橋の場合

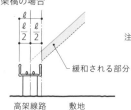

ℓ　$\frac{\ell}{2}$　$\frac{\ell}{2}$

緩和される部分

高架線路　敷地

注　自動車専用道路については、法44条の道路内の建築制限を除き、道路としての扱いをしないため、法の規定上の道路ではなく、「公園、広場、水面その他これらに類するもの」になる

ハ) 線路敷だけではなく駅舎等のある場合

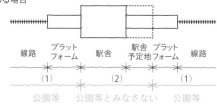

線路　プラットフォーム　駅舎　駅舎予定地　プラットフォーム　線路

(1)　　　　　(2)　　　　　(1)

公園等　公園等とみなさない　公園等

(1) 緩和OK

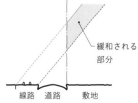

緩和される部分

線路　道路　敷地

(2) 緩和が認められない

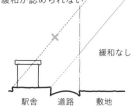

緩和なし

駅舎　道路　敷地

高さ 北側斜線は階数に算入しない 屋上部分も制限を受ける

第1・2種低層住居専用地域内、田園住居地域内または日影規制のない第1・2種中高層住居専用地域内では、北側の隣地境界線または前面道路の反対側の境界線までの真北方向［※1］の水平距離に応じて高さの制限がある。

北側斜線の建築物の高さは、地盤面を起点とする。高さは、道路斜線、隣地斜線と異なり、階数に算入しない階段室などの屋上部分［62頁参照］も制限を受ける。ただし、屋上に取り付ける格子状のフェンスなどの軽微な屋上突出物は、制限の対象から除かれる。

敷地の北側に余裕がない場合、北側斜線制限によって屋根の形状が決まることが多い

北側が隣地である場合に、もっとも北側斜線が厳しくかかる

5m（10m）

公園

道路

線路敷

公園・広場の日照を確保するため、北側斜線制限には公園・広場等による緩和はない

北側に前面道路がある場合は道路の反対側の境界線から。道路斜線制限のほうが厳しいケースが多い

敷地の北側が水面や線路敷等の空地に接する場合は、隣地境界線や水面や線路敷等の幅の1／2だけ外側にあるものとみなす（令135条の4第1項）

CHECK

北側斜線は、第1種・2種低層住居専用地域または田園住居地域では5m＋1.25勾配、第1種・2種中高層住居専用地域（日影規制のない場合に限る）では10m＋1.25勾配となる。なお、第1種・2種低層住居専用地域または田園住居地域の場合は、原則として都市計画において定められる高さの限度（絶対高さ10mまたは12m）以上には建築できない

※1：「真北」とは、地理上の北極点の方向。一方、方位磁石で測る北を「磁北」という。磁北が示す北は、地球の自転による影響も含まれており、真北とズレ（磁気偏角）がある。日本各地でおよそ3～9°の差がある。そこで、建築基準法では真北を北とする。真北は、実際の建設地で日影を測定して求めるのが一般的である

北側斜線の算定の基本

1 第1・2種低層住居専用地域、田園住居地域および第1・2種中高層住居専用地域では、建築物の各部分の高さは、その部分から前面道路の反対側の境界線または隣地境界線までの真北方向の距離に応じ制限される（法56条1項3号）

2 第1・2種低層住居専用地域、田園住居地域では、（建築物の高さ）≦ 5m ＋ 1.25 ×（北側前面道路の反対側の境界線または北側隣地境界線までの真北方向の距離）

3 第1・2種中高層住居専用地域では、（建築物の高さ）≦ 10m ＋ 1.25 ×（北側前面道路の反対側の境界線または北側隣地境界線までの真北方向の距離）

4 都市計画道路で法42条1項4号に該当しないもの、または法68条の7第1項の規定により指定された予定道路（令131条の2第2項の適用を受けたもの）を前面道路とみなす場合、その計画道路または予定道路内の隣地境界線はないものとみなす（法56条6項、令135条の4第1項3号）

5 第1・2種中高層住居専用地域で日影規制がかかる場合は北側斜線制限の適用はない（法56条1項3号）

北側斜線制限（法56条1項3号）

適用地域	制限内容
第1種低層住居専用地域 第2種低層住居専用地域 田園住居地域	5m＋1.25L［※2］
第1種中高層住居専用地域 第2種中高層住居専用地域	10m＋1.25L［※2・※3］

❶ 水平距離のとり方

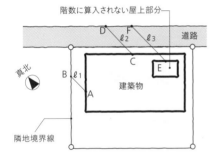

北側の隣地境界線または道路の反対側の境界線までの真北方向（磁北ではない）への距離を測る

A部分の北側斜線の水平距離 $\overline{AB} = \ell_1$
C部分の北側斜線の水平距離 $\overline{CD} = \ell_2$
E部分の北側斜線の水平距離 $\overline{EF} = \ell_3$

❷ 第1・2種低層住居専用地域または田園住居地域の場合

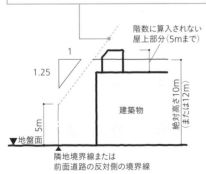

絶対高さの制限では、階数に算入されない屋上部分は高さに算入されないが、北側斜線制限では高さに算入するため斜線を超えることができない

❸ 第1・2種中高層住居専用地域の場合

〔日影規制のない場合に限る〕

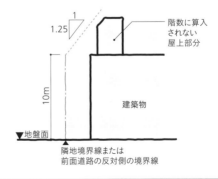

※2：Lは建築物の各部分から前面道路の反対側の境界線、または隣地境界線までの真北方向の水平距離　　※3：日影規制が適用される場合は除外

2以上の地域にわたる場合

第1・2種中高層住居専用地域では日影規制のない場合に限る

❶ 低層住居専用地域または田園住居地域が北側の場合

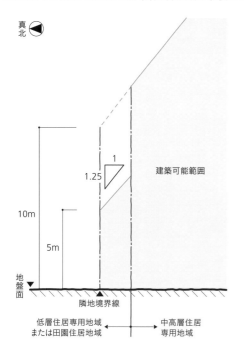

❷ 中高層住居専用地域が北側の場合

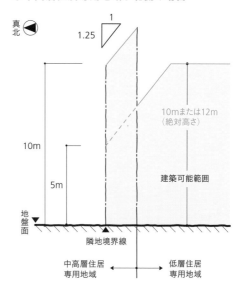

建築物の敷地が2以上の地域等にわたる場合は、建築物の各部分の高さはその部分の属するそれぞれの地域等の制限を受ける（法56条5項）

北側に水面等の空地がある場合

❶ 北側に水面等の空地がある場合

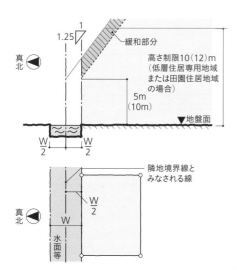

敷地の北側が水面、線路敷等の空地に接する場合、隣地境界線も水面等の幅の1／2だけ外側にあるものとみなす（令135条の4第1項）。水面等とは、「水面、線路敷その他これらに類するもの」で、公園・広場は含まれない

❷ 北側に道路と水面等の空地がある場合

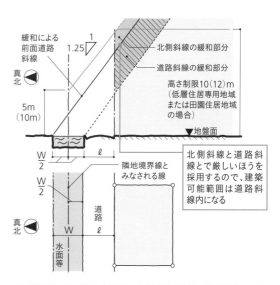

北側道路の反対側に水面等の空地がある場合、前面道路の反対側の境界線は、水面等の幅の1／2だけ外側にあるものとみなす。北側に道路がある場合には、道路斜線制限も適用される。その際、道路斜線のほうが厳しい場合もあるので注意を要する

地盤面が北側隣地と高低差がある場合

❶ 北側隣地と高低差がある場合の北側斜線

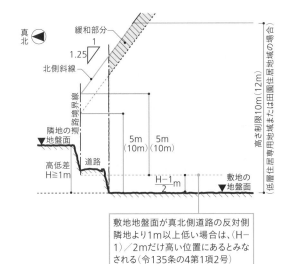

真北

緩和部分

$\frac{1}{1.25}$

北側斜線

隣地境界線

隣地の地盤面

高低差 H≧1m

5m（10m）　5m（10m）

$\frac{H-1}{2}$ m

敷地の地盤面

（高さ制限10m（12m）（低層住居専用地域または田園住居地域の場合）

敷地地盤面が真北側隣地より1m以上低い場合は、(H−1)／2mだけ高い位置にあるとみなされる（令135条の4第1項2号）

❷ 北側道路の反対側隣接地と高低差がある場合の北側斜線

真北

緩和部分

$\frac{1}{1.25}$

北側斜線

道路境界線

隣地の地盤面

高低差 H≧1m

道路

5m（10m）　5m（10m）

$\frac{H-1}{2}$ m

敷地の地盤面

（高さ制限10m（12m）（低層住居専用地域または田園住居地域の場合）

敷地地盤面が真北側道路の反対側隣地より1m以上低い場合は、(H−1)／2mだけ高い位置にあるとみなされる（令135条の4第1項2号）

ただし、特定行政庁は地形の特殊性により規則で地盤面を定めることができるので、事前に確認すること

CHECK
敷地の地盤面が北側隣地よりも1m以上低い場合は、$\frac{H-1}{2}$ mだけ高い位置にあるとみなされる（令135条の4第1項2号）

隣地の地盤面

5m

$\frac{H-1}{2}$ m

N

1m以上

敷地の地盤面

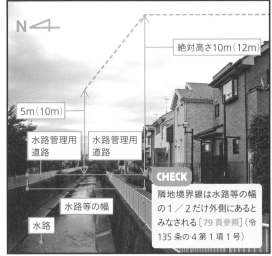

N

絶対高さ10m（12m）

5m（10m）

水路管理用道路

水路管理用道路

水路等の幅

水路

CHECK
隣地境界線は水路等の幅の1／2だけ外側にあるとみなされる［79頁参照］（令135条の4第1項1号）

建物が後退しても天空率の算定位置は変わらない

斜線制限では、それぞれの方向からの斜線で建築物全体のボリュームが決定されるが、天空率では各々分離して検討し、他の斜線制限の影響を考慮しない。

高さ制限に天空率の特例を利用するか否かは自由であり、道路高さ制限に天空率を適用し、隣地高さ制限は隣地斜線で検討することなども可能だ。

ただし、同一高さ制限における斜線制限と天空率の混用は認められない。たとえば道路高さ制限に天空率を適用する場合、一部に限って適用することはできず、敷地に接するすべての道路について天空率の検討を行う必要がある。高度地区の高さ制限である高度斜線については、天空率による特例がないことに注意が必要である。なお、適合建築物や算定位置の取扱いについては、特定行政庁により異なる場合がある。

天空率の考え方の基本

1 道路斜線を天空率で検討する場合、他の斜線制限（隣地、北側）を天空率で検討する必要はないが、複数の道路がある場合、すべての道路について天空率で検討しなければならない

2 道路斜線天空率の検討範囲は、別表第3の斜線適用距離内に限られるのに対し、隣地斜線天空率と北側斜線天空率の検討範囲は、敷地内全てとなる

3 別表第3の適用距離は、道路幅員による容積率制限の影響も受ける。例として、住居系法定容積率300%、前面道路4.0mの敷地は 4.0×4／10＝160% となり、適用距離は20mとなる

4 計画建築物には、各斜線制限では建築物高さに算入されない階段室等も含める

5 計画建築物および適合建築物には、測定点以上の高さにある地盤も含める

斜線制限で計画する場合
（商業地域の場合）

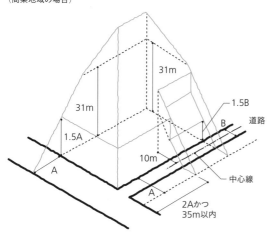

天空率で計画する場合
（商業地域の場合）

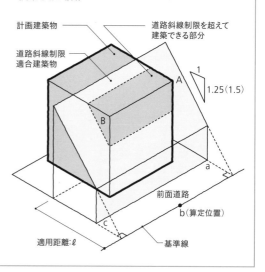

適合・計画建築物の設定

1 斜線制限に適合する建築物（以下、適合建築物）の天空率を算定し、同様に計画建築物の天空率も算定し、計画建築物の天空率が適合建築物の天空率を上回る必要がある（法56条7項、令135条の5～11）

2 天空率で計画建築物を検討する際、建築物の高さに算入しない、建築面積の1／8以下の階段室、昇降機塔、装飾塔、物見塔（令2条1項6号ロ）なども含めて算定する

3 計画建築物に後退距離がある場合は、適合建築物も後退距離を設けることができるが、計画建築物の後退距離は適合建築物の後退距離以上でなければならない

❶道路高さ制限適合建築物

（計画建築物）

一般に天空率を使うと、斜線を超えた建築が可能となるため、斜線制限に比べ建築物が高層化しやすくなる。さらに敷地の両脇を空け、間口の狭い建築物とするとより高層化が可能となる

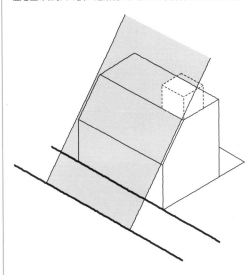

❷計画建築物

（道路高さ制限適合建築物）

建築面積1／8以下の面積、高さ12m以下であっても計画建築物に含む

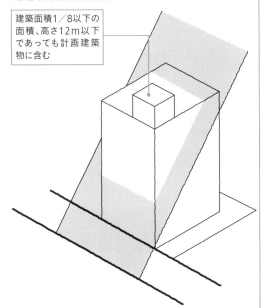

❸計画建築物の後退距離

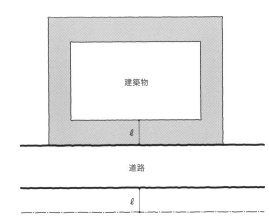

後退距離ℓのときの適合建築物

後退距離0のときの適合建築物

後退距離0のときの検討範囲

後退距離0～ℓの範囲で設定可能

後退距離ℓのときの検討範囲

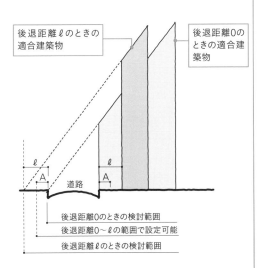

ℓだけ後退した計画建築物の場合、適合建築物の後退距離は0≦後退距離≦ℓの間で任意の位置で設定が可能だ。その際、適用距離の基点が変わってくることに注意する。また、後退距離を変えることにより適合建築物の高さが変化する。図のような場合、一般的には適合建築物の後退距離ℓとする場合が多いが、敷地、道路、建物の位置および形状によっては、適合建築物の後退距離を0とするほうが天空率の制限が緩い場合がある

■領域の設定:二方道路に面する場合 （道路斜線制限）

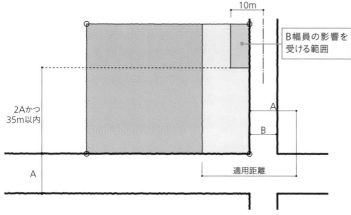

10m

B幅員の影響を
受ける範囲

2Aかつ
35m以内

A

B

A

適用距離

狭幅員道路（B）において、広幅員道路（A）の影響
を受ける部分は、適合建築物は広幅員道路（A）で
作成することとなるが、測定点は実道路（B）上に配
置することとなる

■領域の設定:異なる用途地域にまたがる場合 （道路斜線制限）

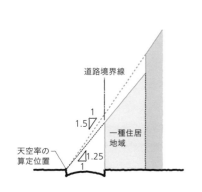

道路境界線

1
1.5

一種住居
地域

天空率の
算定位置

1.25
1

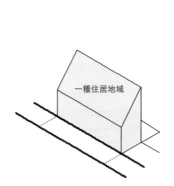

一種住居地域

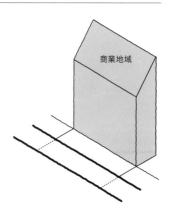

商業地域

図のように分けて検討する必要があるのは、住居系の用途地域とそ
れ以外の用途地域の場合である。商業系の用途地域と、工業系の
用途地域は、勾配が1.5で同一のため、分けて検討する必要はない。
商業系の用途地域が道路側で、住居系の用途地域がその奥にある
場合、奥の規制のほうが厳しくなるため、注意が必要となる

領域の設定:異なる用途地域にまたがる場合（隣地斜線制限）

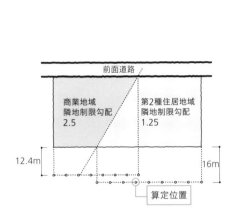

前面道路

商業地域
隣地制限勾配
2.5

第2種住居地域
隣地制限勾配
1.25

12.4m

16m

算定位置

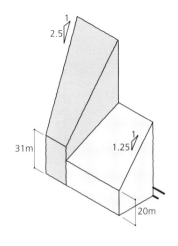

31m

1
2.5

1
1.25

20m

用途境界線で分割される敷地の
部分ごとに領域を設定する

領域の設定:敷地に高低差がある場合（隣地斜線制限）

❶ 高低差 3m を超える計画建築物の例

敷地境界線

敷地境界線

地面

計画
建築物

地盤面C

地盤面B

地盤面A

≦3m

≦3m

≦3m

❸ 配置図

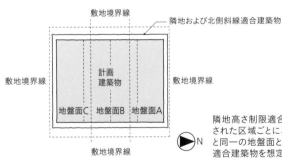

敷地境界線

隣地および北側斜線適合建築物

敷地境界線

敷地境界線

計画
建築物

地盤面C 地盤面B 地盤面A

敷地境界線

N

隣地高さ制限適合建築物は敷地が区分
された区域ごとに、計画建築物の地盤面
と同一の地盤面となるよう隣地高さ制限
適合建築物を想定する

❷ 高低差 3m を超える隣地および北側高さ制限
適合建築物

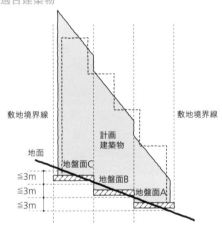

敷地境界線

敷地境界線

地面

計画
建築物

地盤面C

地盤面B

地盤面A

≦3m

≦3m

≦3m

計画建築物が周囲の地面と接する位置
の高低差が3mを超える場合は、接する
位置の高低差が3m以内になるように敷
地を区分する（令135条の7第3項、令
135条の8第3項、令135条の10第3項、
令135条の11第3項）

測定線と算定位置の基本

❶ 道路斜線制限の天空率の算定位置

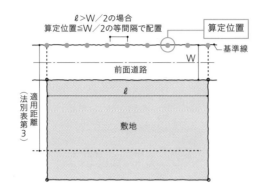

- 算定位置は前面道路に面する部分の両端から最も近い、かつ、前面道路の反対側の境界線上（令135条の6、令135条の9）
- 算定位置の高さは前面道路の路面の中心の高さ

❷ 隣地斜線制限の天空率の算定位置

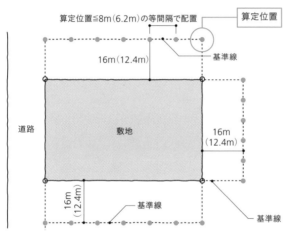

数値は斜線勾配1.25の場合の値（カッコ内は斜線勾配2.5の場合の値）

- 算定位置は隣地境界線からの水平距離16mまたは12.4m外側の線となる（令135条の7、令135条の10）
- それぞれの基準線の長さが8mまたは6.2mを超える場合、算定位置は8mまたは6.2m以内で等間隔に配置

❸ 北側斜線制限の天空率の算定位置

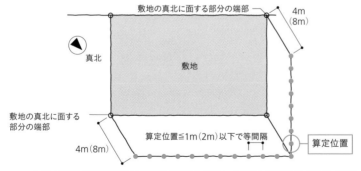

数値は低層住居専用地域または田園住居地域での値（カッコ内は中高層住居専用地域での値）

- 算定位置は隣地境界線から真北方向の水平距離が第1・2種低層住居専用地域または田園住居地域は4m以内、第1・2種中高層住居専用地域は8m以内外側の位置（令135条の8、令135条の11）
- 算定位置は、基準線上に第1・2種低層住居地域または田園住居地域は1m、第1・2種中高層住居地域は2m以内で等間隔に配置する

高さ

長さ

階・階数

特殊パターンの算定位置のとり方

❶ 計画建築物が前面道路から後退している場合

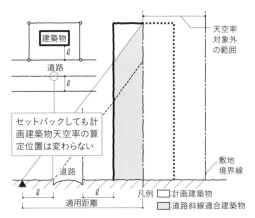

セットバックしても計画建築物天空率の算定位置は変わらない

天空率対象外の範囲

敷地境界線

凡例 □:計画建築物 ▨:道路斜線適合建築物

❷ 異なる用途地域にわたる場合〔道路斜線〕

その敷地を道路制限勾配が異なる地域ごとの部分に区分し、地域ごとに検討する

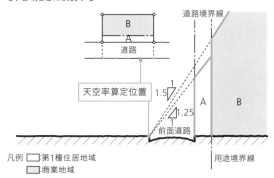

天空率算定位置

凡例 □:第1種住居地域 ▨:商業地域

❸ 道路・隣地と敷地に高低差がある場合
〔道路・隣地・北側斜線〕

イ）道路斜線制限の場合

算定位置が建築物の敷地の地盤面よりも低い場合は敷地の地盤面を含めて算定する

道路境界線 1.25(1.5)/1

計画建築物

▽地盤面

前面道路中心高さとみなす[※]

H≧1m

$\frac{H-1}{2}$m 前面道路

前面道路中心の高さ

ロ）隣地斜線制限の場合

隣地境界線 1.25(2.5)/1

計画建築物 20m(31m)

▽隣地の地盤面

H≧1m

$\frac{H-1}{2}$m

16m(12.4m)

▽地盤面

地盤面とみなす[※]

ハ）北側斜線制限の場合

真北 ◀

隣地境界線 1.25/1

計画建築物 5m(10m)

▽隣地の地盤面

H≧1m

$\frac{H-1}{2}$m

4m(8m)

▽地盤面

地盤面とみなす[※]

❹ 2以上の道路に面する場合〔道路斜線〕

2以上の道路に面する場合、それぞれの前面道路の反対側の境界線上に算定位置を定める。広い幅員の道路の影響を受ける部分であっても天空率の算定位置は実際の前面道路の反対側の境界線上になる

イ）道路Aから道路幅員Waの影響を受ける範囲

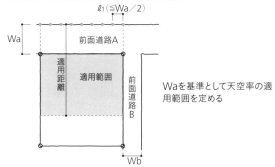

$\ell_1(≦Wa/2)$

前面道路A

Wa

適用距離 適用範囲

前面道路B

Waを基準として天空率の適用範囲を定める

Wb

ロ）道路Bから道路幅員Waの影響を受ける範囲

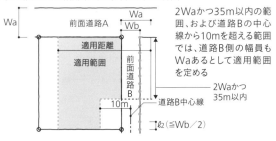

前面道路A Wa Wb

適用距離 適用範囲

前面道路B

2Waかつ35m以内

10m

道路B中心線

$\ell_2(≦Wb/2)$

2Waかつ35m以内の範囲、および道路Bの中心線から10mを超える範囲では、道路B側の幅員もWaあるとして適用範囲を定める

ハ）道路Bから道路幅員Wbの影響を受ける範囲

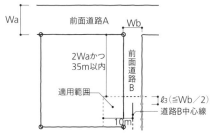

前面道路A Wb

Wa

2Waかつ35m以内

適用範囲

前面道路B

10m 道路B中心線

$\ell_3(≦Wb/2)$

※：ただし、特定行政庁は地形の特殊性により規則で地盤面を定めることができるので、事前に確認すること

前面道路の幅員が異なる場合の算定位置

前面道路の幅員が異なる場合①

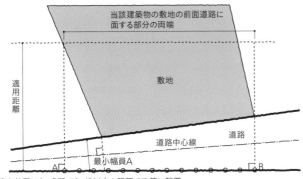

当該建築物の敷地の前面道路に面する部分の両端

適用距離

敷地

道路中心線

道路

最小幅員A

A　　　　　　　　　　B

算定位置はA～B間でA／2以内の間隔で均等に配置

前面道路の幅員が異なる場合②

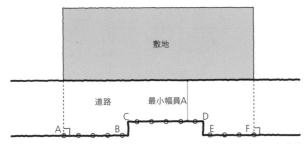

算定位置はA～B～C～D～E～F間（道路の反対側の境界線上）にA／2以内の間隔で均等に配置

前面道路の幅員が異なる場合③

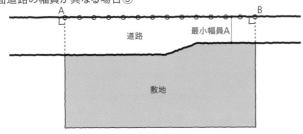

算定位置はA～B間でA／2以内の間隔で均等に配置

前面道路の幅員が異なる場合④

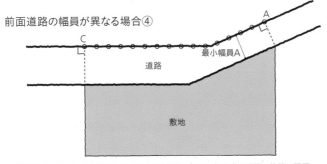

算定位置はA～B～C間（道路の反対側の境界線上）にA／2以内の間隔で均等に配置

・測定すべき範囲は道路斜線制限が適用される部分となる。道路に接している部分よりも敷地の奥が広がっている場合は、斜線が適用される範囲内で最も広まっている部分の端部までが測定すべき範囲となることに注意（図①）

・前面道路の幅員が一定でない場合の前面道路の幅員は、敷地が道路に接している部分の最小幅員とする。なお、幅員は道路中心線に対して垂直にとることとなる（図①）

・測定点は、前面道路の反対側の境界線上に配置するため、図②のように反対側の境界線が一直線でない場合は、測定点の位置が複雑になる。反対に図③のように計画敷地側の境界線が一定ではなく、反対側の境界線が一直線の場合は、割り付けが簡単となる

・図④のような場合は、狭い幅員を基準に算定位置を配置することが合理的である

行き止まり道路における適合建築物 （道路斜線制限）

❶ 行き止まり道路（両側に敷地がある場合）

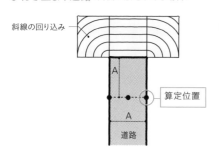

斜線の回り込み

A

A

道路

算定位置

❷ 行き止まり道路（両側に敷地がない場合）の判断例

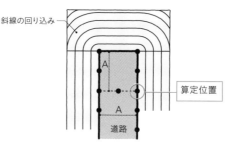

斜線の回り込み

A

A

道路

算定位置

道路

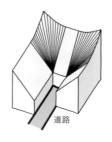

道路

行き止まり道路の場合、道路斜線は斜線が回り込んで適用される。このため天空率の斜線適合建築物も斜線の回り込みを考慮した形態となる。ただし、天空率の算定位置は前面道路の反対側の境界線上に配置する。行き止まり正面部分は幅員Aの「みなし道路」に接道しているものとして「みなし道路」上に算定位置を配置する（斜線の回り込みがあっても算定位置は円弧状に配置されない）

隅切りがある場合の算定位置

❶ 交差角度が鋭角の場合

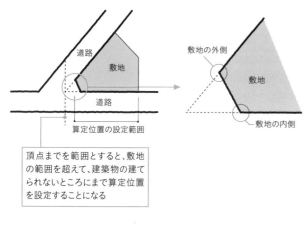

道路

敷地

道路

算定位置の設定範囲

敷地の外側

敷地

敷地の内側

> 頂点までを範囲とすると、敷地の範囲を超えて、建築物の建てられないところにまで算定位置を設定することになる

❷ 交差角度が鈍角である場合

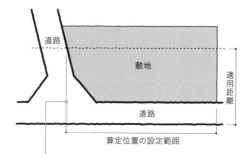

道路

敷地

適用距離

道路

算定位置の設定範囲

> 交差角度が鈍角の場合、隅切りの有無にかかわらず道路斜線制限の適用範囲までの部分を算定位置の設定範囲とする

・交差角度が鋭角の場合
本来の道路交差位置は、各々の道路を延長した点線の交点であるが、この三角形部分が道路の隅切りとなっている場合、この部分には計画建築物、適合建築物ともに設定ができないため、隅切りの部分を除いた敷地の外側の境界を測定位置の端部とする

・交差角度が鈍角の場合
隅切りの有無にかかわらず、道路斜線が適用される部分の端部を測定位置の端部とする

入隅敷地における適合建築物 （隣地斜線制限）

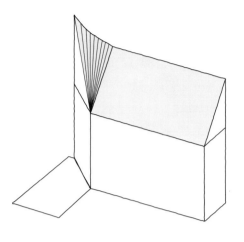
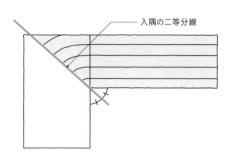

入隅角の二等分線で敷地を分け、それぞれで天空率の検討を行うのが一般的である。適合建築物は2分割された敷地ごとに斜線の回り込みを考慮して設定する。計画建築物が隣地境界線より後退している場合、後退距離は区域ごとに建築物の最も近い位置から隣地境界線までの距離とする。また、天空率の算定位置はそれぞれの隣地境界線から16m（12.4m）外側のライン上となる（斜線の回り込みがあっても算定位置は円弧状に配置されない）

入隅敷地等の区域の設定

❶ 入隅道路での 2A の考え方

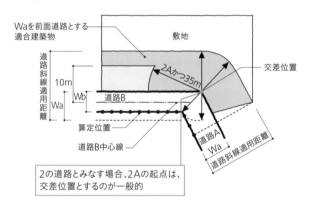

2の道路とみなす場合、2Aの起点は、交差位置とするのが一般的

❷ 入隅道路の適合建築物の想定法

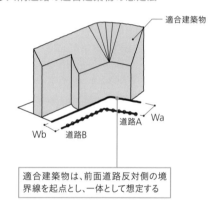

適合建築物は、前面道路反対側の境界線を起点とし、一体として想定する

❸ 入隅道路の領域 A の算定位置

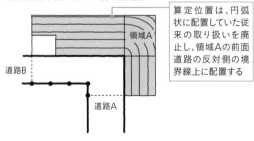

算定位置は、円弧状に配置していた従来の取り扱いを廃止し、領域Aの前面道路の反対側の境界線上に配置する

❹ 入隅道路領域 B の算定位置

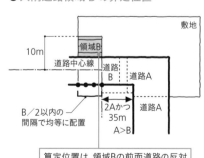

算定位置は、領域Bの前面道路の反対側の境界線上に配置する

敷地が入隅形状であり、入隅部分が屈折道路に接しており、その屈折道路の道路幅員が異なる場合、2Aかつ35m以内および幅員Bの道路の中心線からの距離が10mを超える区域の設定については、次の2つの領域分けが考えられる。
・❶・❷のように、A道路から円弧状に領域を設定する場合
・❸・❹のように、A道路、B道路から垂直に領域を設定する場合

日影規制の平均地盤面は敷地の高低差3m超でも1つ

日影規制では、一定の高さの水平面上の日影が規制を受けるが、日影測定の高さの基準面は隣地等の地表面ではなく、建設敷地の平均地盤面となる。この平均地盤面は、建築物が周囲の地面と接する位置の平均の高さにおける水平面をいい、建築物が周囲の地面と接する位置の高低差が3mを超える場合も平均地盤面は1つになる。また、同一敷地内に複数の建築物がある場合も1つになる。それに対して、日影規制の対象建築物となるかどうかを判断する際は地盤面となる[※1]。そのとき、建築面積の1／8以下の屋上部分の高さは5mまで不算入となるが、日影測定そのものは建築物すべてが対象となる。

日影規制の算定の基本①

1 平均地盤面からの一定の高さ（1.5m、4m、6.5m）の水平面上に生じる日影を規制対象

2 規制対象建築物および日影の平均地盤面からの高さや規制日影時間は、用途地域ごとに法別表第4に定められている（法56条の2）

3 日影規制における「平均地盤面」とは、その建築物が周囲の地面と接する位置の平均の高さにおける水平面をいう

4 日影規制の対象建築物となる高さ（10m等）を超えているかどうかを算定する場合、階段室、昇降機塔などで建築面積の1／8以内のものは5mまで不算入となる。ただし、日影規制対象建築物となった場合、日影図作成時には5m以下の屋上部分も含める

5 対象区域外（商業地域等）にある建築物で、その高さが10mを超えており、冬至日に対象区域内に日影を生じさせる場合は対象建築物となる（法56条の2第4項）

❶ 算定の基本

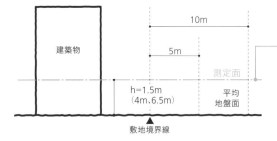

敷地境界線から5mを超える部分と10mを超える部分について、それぞれ条例で指定する時間以上、日影となる部分を生じさせることのないものとしなければならない

測定面の高さは右頁表による

❷ 日影規制における平均地盤面の考え方

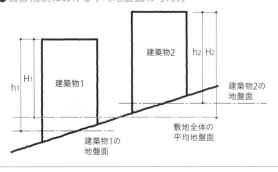

建築物が周囲の地面と接する位置の高低差が3mを超える場合も平均地盤面は1つになる。そのため、規制対象建築物かどうかを検討する際の地盤面の考え方とは異なる。❷図の場合、対象建築物の判断はh_1、h_2で判断、日影の検討はH_1、H_2で算定する

※1：規制対象かどうかを判断する際の建築物の高さを測るとき、敷地に3mを超える高低差がある場合、3m以内ごとの平均の高さにおける地盤面からの高さで算定する

日影規制の算定の基本②

日影規制一覧

用途地域	対象建築物	測定水平面 (平均地盤面からの高さ)	規制日影時間 [※2]		
				敷地境界線からの 水平距離 (L) m	
				5<L≦10	L>10m
第1・2種低層住居専用地域 田園住居地域	軒高>7m、または、地上階数≧3	1.5m	(1)	3h (2h)	2h (1.5h)
			(2)	4h (3h)	2.5h (2h)
			(3)	5h (4h)	3 (2.5h)
第1・2種中高層住居専用地域	建築物の高さ>10m	4m または 6.5m [※3]	(1)	3h (2h)	2h (1.5h)
			(2)	4h (3h)	2.5h (2h)
			(3)	5h (4h)	3 (2.5h)
第1・2種住居地域、準住居地域、 近隣商業地域、準工業地域	建築物の高さ>10m	4m または 6.5m [※3]	(1)	4h (3h)	2.5h (2h)
			(2)	5h (4h)	3 (2.5h)
用途地域の指定のない区域	軒高>7m、または、地上階数≧3	1.5m	(1)	3h (2h)	2h (1.5h)
			(2)	4h (3h)	2.5h (2h)
			(3)	5h (4h)	3 (2.5h)
	建築物の高さ>10m	4m	(1)	3h (2h)	2h (1.5h)
			(2)	4h (3h)	2.5h (2h)
			(3)	5h (4h)	3 (2.5h)

❶ 閉鎖方式（道路等の幅>10mの場合）

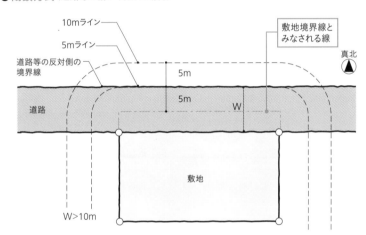

道路等に接する部分における緩和により測定線を設定するとき、設定方法は2種類ある。日影閉鎖方式は敷地境界線をみなし境界線と結んで閉じたかたちで敷地を囲んだもの。発散方式は、一部の場合を除き、閉鎖方式よりも緩和されたかたちとなる。安全側の設定となる閉鎖方式で指導する特定行政庁が多いので、発散方式を採用する場合は特定行政庁に確認をしたほうがよい

❷ 発散方式（道路等の幅>10mの場合）

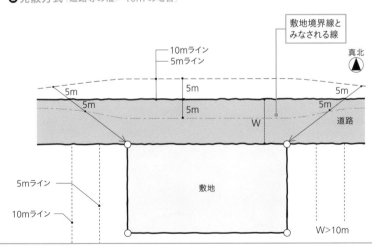

※2：冬至日の真太陽時（太陽が真南にくる南中時刻を正午とした時刻。日本標準時にすると、東京では20分早い）8：00から16：00の間。表中（　）内は北海道で9：00から15：00の間　※3：地方公共団体の条例によっていずれかが規定される

平均地盤面が隣地より低い場合

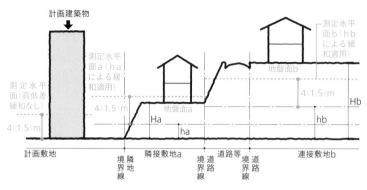

隣地の地盤面（地表面）よりも、敷地の平均地盤面が1m以上低い場合は、平均地盤面はその高低差から1m減じた数値の1／2だけ高い位置にあるとみなす（令135条の12第1項2号）。図はその高低差が著しい場合の日影の検討方法を表している。図の計画建築物は隣接敷地だけではなく、連接敷地にも日影が生じるが、それぞれの敷地に生じる日影について高低差による緩和を受けられる

隣接敷地aに生じさせる日影については
隣接敷地aの平均地盤面の高さha
＝（Ha−1）×1／2

連接敷地bに生じさせる日影については
連接敷地bの平均地盤面の高さhb
＝（Hb−1）×1／2

敷地が道路等の空地に接する場合

❶ 敷地が幅員＞10m の道路等に接する場合

❷ 敷地が幅員≦10m の道路等に接する場合

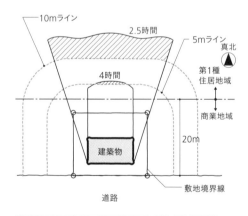

道路等の幅が10mを超える場合、道路等の反対側の境界線から敷地側に5mの線を敷地境界線とみなす。敷地が幅員≦10mの道路等に接する場合、敷地境界線は道路等の幅の1／2だけ外側にあるものとみなす。また、道路等とは道路、川、海などの水面、線路敷その他これらに類するもののことをいう（法56条の2第3項、令135条の12第1項1号）

日影が規制の異なる対象区域の内外にわたる場合

❶ 対象区域外の建築が規制される例

❷ 低層住居専用地域の内外にわたる場合

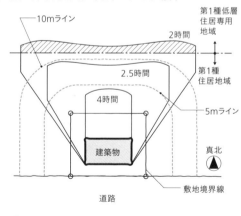

凡例 [///]：抵触している部分

測定面
1低:1.5m
1住:4m

日影の落ちる区域の規制が適用される（法56条の2第5項、令135条の13）

❶第1種住居地域に落ちる部分が規制対象となる。4時間日影と2.5時間日影がそれぞれ5mライン、10mラインに納まらなければならないが、ここでは抵触している部分がある

❷地域境界線が実質的に規制ラインとなる例。10mラインの外側の第1種低層住居専用地域の日影についても基準の適否を確かめる。ここでは、2時間日影に抵触している部分がある

高度地区の制限は都市計画によって決められる

市街地における建築物の高さ制限として、建築物の絶対高さの制限（法55条）や斜線制限（法56条）が一般規制として存在するが、これら一定の高さ制限だけでは市街地の環境を維持できない場合がある。こうしたケースに対応するため、また土地利用の増進を図る目的から、建築物の高さの最高限度または最低限度を定めた地区を高度地区という。

一般的に、建築物の高さの最高限度を抑えるための

高度地区を「最高限高度地区」と呼び、建築物の高さの最低限度を抑えるための高度地区を「最低限高度地区」と呼んでいる。高度地区の建築物の高さは、地盤面を起点とする。

この高さの制限の内容については都市計画により定められるが、指定される高度地区は、建築物の高さの最高限度と北側斜線型の制限を組み合わせて、日照関係の環境保全を目的としたものが多い。

高度地区の算定方法の基本

1 最高限高度地区には、大きく分けて北側からの高度斜線の制限と絶対高さの制限がある

2 各制限は地方公共団体が都市計画において定める

3 絶対高さ制限では、階段室等の建築物の「屋上部分」の水平投影面積の合計が建築面積の 1 ／ 8 以上の場合、「屋上部分」の高さは 12m まではその建築物の高さに算入しないが、高度斜線の場合は緩和されない（令2条1項6号）

4 天空率は道路斜線、隣地斜線、北側斜線にのみ適用されるものなので、高度地区では使えない

5 高度斜線は真北方向からの規制である（磁北ではない）

6 敷地が高度地区の内外にわたる場合は、それぞれの高度地区制限を適用する［※ 1］

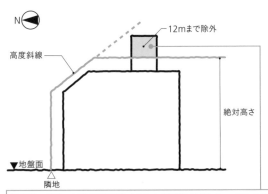

建築物の高さの最高限度が定められた高度地区内においては、再生可能エネルギー源の利用に資する設備の設置のために必要な屋根に関する工事その他の屋外に面する建築物の部分に関する工事を行う建築物で、構造上やむを得ないものとして国土交通省令で定めるものであり、特定行政庁が市街地の環境を害するおそれがないと認めて許可したものの高さは、その許可の範囲内において当該最高限度を超えるものとすることができる

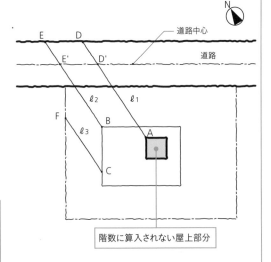

階数に算入されない屋上部分

A部分の高度斜線の水平距離 $\overline{AD}=\ell_1$（横浜市の場合は$\overline{AD'}$）
B部分の高度斜線の水平距離 $\overline{BE}=\ell_2$（横浜市の場合は$\overline{BE'}$）
C部分の高度斜線の水平距離 $\overline{CF}=\ell_3$

※ 1：横浜市の場合は、北側の隣地境界線が属する高度地区制限を適用する

敷地の北側に道路がある場合

❶ 平面図

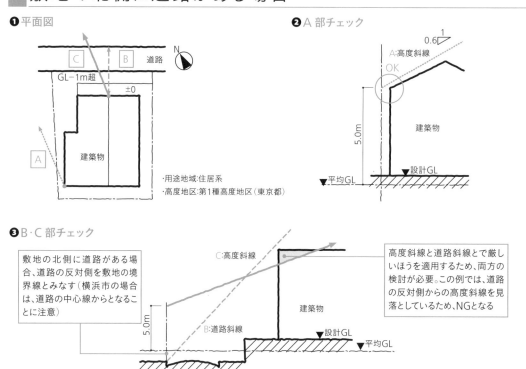

・用途地域:住居系
・高度地区:第1種高度地区(東京都)

❷ A 部チェック

❸ B・C 部チェック

敷地の北側に道路がある場合、道路の反対側を敷地の境界線とみなす(横浜市の場合は、道路の中心線からとなることに注意)

高度斜線と道路斜線とで厳しいほうを適用するため、両方の検討が必要。この例では、道路の反対側からの高度斜線を見落としているため、NGとなる

高度地区の内外にわたる場合

❶ 平面図

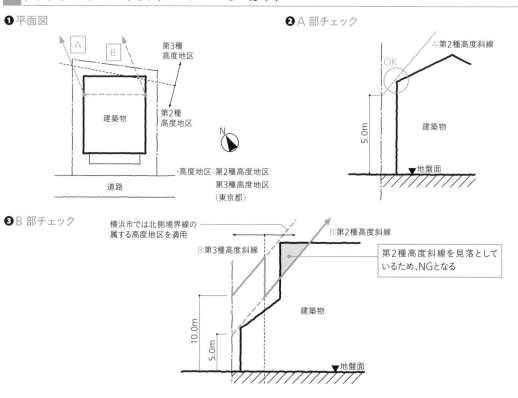

・高度地区:第2種高度地区
　　　　　第3種高度地区
　　　　　(東京都)

❷ A 部チェック

❸ B 部チェック

横浜市では北側境界線の属する高度地区を適用

第2種高度斜線を見落としているため、NGとなる

■ 行政別高度地区の形態制限の例① [※2]

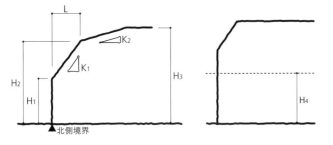

一般的に、高度斜線は北側斜線よりも厳しい設定になっている。

また、高度斜線と絶対高さの組合せをしている特定行政庁が多い。東京都の第2種高度地区や第3種高度地区は途中で斜線の角度が変わるが、角度が変わることを見落としやすいので注意が必要である。

横須賀市や鎌倉市など絶対高さのみの指定の高度地区もある。

❶ 東京都の一例

高度地区種別	H1	K1	L	H2	K2	H3	H4
第1種高度地区	5	0.6	—	—	—	用途地域による高さ制限	—
10m 第1種高度地区	5	0.6	—	—	—	10	—
17m 第1種高度地区	5	0.6	—	—	—	17	—
20m 第1種高度地区	5	0.6	—	—	—	20	—
第2種高度地区	5	1.25	8	15	0.6	—	—
17m 第2種高度地区	5	1.25	8	15	0.6	17	—
20m 第2種高度地区	5	1.25	8	15	0.6	20	—
25m 第2種高度地区	5	1.25	8	15	0.6	25	—
30m 第2種高度地区	5	1.25	8	15	0.6	30	—
45m 第2種高度地区	5	1.25	8	15	0.6	45	—
第3種高度地区	10	1.25	8	20	0.6	—	—
20m 第3種高度地区	10	1.25	8	20	0.6	20	—
22m 第3種高度地区	10	1.25	8	20	0.6	22	—
30m 第3種高度地区	10	1.25	8	20	0.6	30	—
35m 第3種高度地区	10	1.25	8	20	0.6	35	—
45m 第3種高度地区	10	1.25	8	20	0.6	45	—
31m 高度地区	—	—	—	—	—	31	—
最低限度高度地区（7m）	—	—	—	—	—	—	7

❷ 千葉県の一例

高度地区種別	H1	K1	L	H2	K2	H3	適用地域
第1種高度地区	5	1.25	4	10	0.6	絶対高さ制限がある場合もある	原則、第1・2種中高層住居専用地域（ただし、第1・2種住居地域、準住居地域、近隣商業地域にも定められる場合もある）
第2種高度地区	10	1.25	8	20	0.6		
第3種高度地区	—	—	—	—	—	31（区域の状況によりこれと異なる値とする場合もある）	工業系や商業系の用途地域が想定されている

※2：平成31年3月1日現在の情報

面積

高さ

長さ

階・階数

■ 行政別高度地区の形態制限の例② [※3]

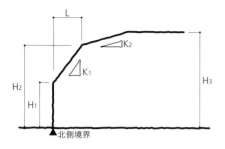

▲北側境界

一般的に、高度斜線は北側斜線よりも厳しい設定になっている。

また、高度斜線と絶対高さの組合せをしている特定行政庁が多い。東京都の第2種高度地区や第3種高度地区は途中で斜線の角度が変わるが、角度が変わることを見落としやすいので注意が必要である。

横須賀市や鎌倉市など絶対高さのみの指定の高度地区もある。

❸ 横浜市

高度地区種別	H1	K1	L	H2	K2	H3	適用地域
第1種高度地区	5	0.6	—	—	—	10	第1・2種低層住居専用地域
第2種高度地区	5	0.6	—	—	—	12	第2種低層住居専用地域（150／60の地域）
第3種高度地区	7	0.6	—	—	—	15	第1・2種中高層住居専用地域
第4種高度地区	7.5	0.6	—	—	—	20	第1・2種住居地域、準住居地域
第5種高度地区	10	0.6	—	—	—	20	近隣商業地域（200／80の地域）、準工業地域（200／60の地域［※4］）、工業地域（200／60の地域）
第6種高度地区	—	—	—	—	—	20	近隣商業地域（300／80および400／80の地域）、商業地域（400／80の地域［※5]）
第7種高度地区	—	—	—	—	—	31	商業地域［※5］、準工業地域（200／60［※4］および400／60の地域）、工業地域（200／60の地域［※6]）

注1：北側が道路の場合、道路中心線からの高度斜線がかかる
注2：適用地域の欄で（ ）内に示す「／」の前後の数値は、容積率と建蔽率を表す（例：150／60→容積率150%、建蔽率60%）
注3：工業地域内の最高限第5種高度地区の制限を受ける建築物で、住宅等の用途以外の建築物又は建築物の部分については、高さ31mまで建築可能
注4：最高限高度地区には、他に最低限高度地区が指定されている地区もある（最低限第1種は14m以上、最低限第2種は12m以上、最低限第3種は7m以上）
注5：最低限高度地区の制限を受ける建築物については、最高限第7種高度地区の適用は除外される
注6：最低限第3種高度地区の制限を受ける建築物については、同時に最高限高度地区の制限も受ける
注7：最低限第3種高度地区は路線的に指定しており、都市計画道路決定線から11mの範囲

❹ 川崎市

高度地区種別	H1	K1	L	H2	K2	H3	適用地域
第1種高度地区	5	0.6	—	—	—	10	第1・2種低層住居専用地域
第2種高度地区	7.5	1.25	—	—	—	15	第1・2種中高層住居専用地域
第3種高度地区	10	1.25	—	—	—	20	第1・2種住居地域、準住居地域、準工業地域、近隣商業地域（容積率200%の地域）
第4種高度地区	10	0.6	—	—	—	20	工業地域（住居系建築物［※7］のみ適用）

❺ 横須賀市

高度地区種別	H1	K1	L	H2	K2	H3	適用地域
第1種高度地区	—	—	—	—	—	15	第1・2種中高層住居専用地域、第1・2種住居地域、準工業地域（準防火地域）
第2種高度地区	—	—	—	—	—	20	準工業地域（準防火指定なし）、工業地域（米軍施設は除く）
第3種高度地区	—	—	—	—	—	31	近隣商業地域、商業地域（横須賀中央駅周辺地区の一部約21.4haを除く）

※3：平成31年3月1日現在の情報　※4：容積率200%の大黒埠頭、瑞穂埠頭、本牧A突堤、南本牧において、第7種の区域もある　※5：容積率400%の藤棚、六角橋、長津田、弘明寺、大口において、第6種の区域もある　※6：臨港地区または特別用途地区（特別工業地区）が指定されている区域　※7：建築物の全部または一部を住宅（長屋を含む）、共同住宅、寄宿舎、下宿またはこれらに付属する用途に供する建築物を指す

天井高と床高の算定の基本

高さ

　居室の天井高さは、居住性や災害時の避難等に支障がないかを考慮して決めるが、令21条では、最低基準として2.1m確保するように定められている。天井高さは原則として、室の床面から天井面までの高さを算定するが、1室で天井の高さが異なる場合は、その平均の高さによるものとする。

　最下階の居室の床が木造の場合、床下の換気が十分でないと、地面からの湿気によって根太等の木材が腐って弱くなりかねないため、令22条では床高を地面から45cm以上確保するように定めている。この場合の地面は、建築物が周囲の地面と接する位置である地盤面ではなく、その床の直下の地面であることに注意する。ただし、床下の地面がコンクリート、タタキ等の防湿上有効な措置がとられたものは制限がない。

天井高の算定の基本①

❶ 基本

原則として室の床面から天井面までの高さを算定する（令21条）

❷ 平均天井高の算定例

イ）室の断面が一定の場合

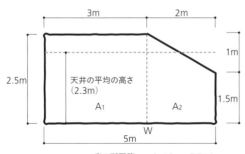

$$天井の平均の高さ＝\frac{室の断面積}{室の幅}＝\frac{A_1+A_2}{W}＝\frac{7.5+4}{5}＝2.3m$$

ロ）天井高が極端に異なる場合

この場合、2つの天井高さH1およびH2があると考えたほうがよい

天井高の算定の基本②

❸ 特殊な天井（格子天井）の例

煙が上に抜けるため令21条の天井高（H₁）と令126条の3の排煙上の天井高（H₂）が異なると考えたほうがよい

❹ 排煙口設置における天井高

イ）原則（令126条の3第1項3号）

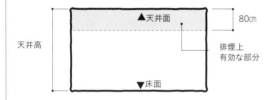

ハ）勾配屋根の場合［※］

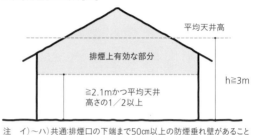

ロ）天井高≧3mの場合の緩和

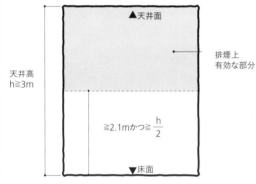

注　イ）～ハ）共通：排煙口の下端まで50cm以上の防煙垂れ壁があること

ニ）はりがある場合［※］

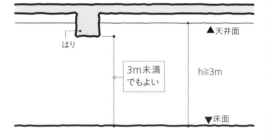

床高の算定の基本

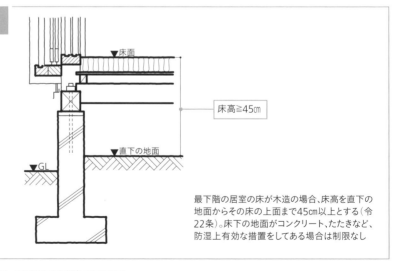

最下階の居室の床が木造の場合、床高を直下の地面からその床の上面まで45cm以上とする（令22条）。床下の地面がコンクリート、たたきなど、防湿上有効な措置をしてある場合は制限なし

※　『建築物の防火避難規定の解説』（ぎょうせい刊、日本建築行政会議編）の解釈による

高さ

階段の高さ・けあげ・踏面等の算定方法

　階段やその踊り場の幅、階段のけあげ・踏面の寸法は、建築物の用途によって使用者の年齢層や人数が違ってくるため、日常の通行や避難時の安全を考慮して規定されている。小学校の児童用のものが一番厳しく、次いで中学校、高等学校、中等教育学校、劇場その他の特殊建築物となっている。また、居室の床面積の合計によっても規定が設けられている。

　特定の人しか使用しない階段にこれらの規定を適用すると不合理が生じるため、物見塔用の階段や設備の保守点検のための階段など、特殊な用途専用の階段にはこれらの規定は適用されない。また、エレベーター機械室用の階段には別途寸法の規定が定められている。

階段の高さ・けあげ・踏面等の算定の基本

❶ けあげ・踏面の算定の原則

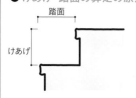

けあげ：定義はないが、階段の1段の高さを算定する
踏　面：踏面の先端と次の段の先端との水平投影距離を算定する
階段のけあげ・踏面の寸法はそれぞれ有効寸法をいい、階段に突出するものがある場合は有効寸法が確保できないこともあるので要注意

手すり

30cm

ℓ

ℓ＝階段の踏面（幅）
回り階段の場合、踏面の狭いほうの端から30cmの位置で測る

❷ 階段の高さと踊場の設置

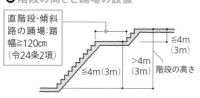

直階段・傾斜路の踊場：踏幅≧120cm（令24条2項）

≦4m（3m）
>4m（3m）　階段の高さ
≦4m（3m）

階段の高さ：その階段が接続する床面から次の床面（屋上面）までの高さを算定。下表①②の階段で高さ3mを超える場合は3m以内に、③〜⑤の階段で4mを超える場合は4m以内に踊場を設置する

階段の一般的形態（令23条）

階段の種類		階段・踊場の幅	けあげ	踏面	踊場位置	直階段の踊場の踏み幅
①	小学校・義務教育学校（前期）の児童用	≧ 140cm	≦ 16cm（≦ 18cm）	≧ 26cm	高さ≦3mごと	≧ 120cm
②	中学校・義務教育学校（後期）・高等学校・中等教育学校の生徒用、物品販売店（〔物品加工修理業を含む〕床面積＞1,500㎡）、劇場・映画館・公会堂・集会場などの客用	≧ 140cm	≦ 18cm（≦ 20cm）	≧ 26cm（≧ 24cm）		
③	地上階用（直上階の居室の床面積合計＞200㎡）地階・地下工作物内用（居室の床面積合計＞100㎡）	≧ 120cm	≦ 20cm	≧ 24cm	高さ≦4mごと	
④	住宅（共同住宅の共用階段を除く、メゾネット内専用は含む）	≧ 75cm［※ 1］	≦ 23cm	≧ 15cm		
⑤	①〜④以外の階段	≧ 75cm	≦ 22cm（≦ 23cm）	≧ 21cm（≧ 19cm）		
⑥	階数≦ 2、延べ面積＜ 200㎡［※ 2］	（≧ 75cm）	（≦ 23cm）	（≧ 15cm）		
⑦	昇降機の機械室用	—	≦ 23cm	≧ 15cm	—	—
⑧	屋外階段：避難用直通階段（令120、121号）［※ 3］	≧ 90cm　≧ 75cm［※ 4］	上記①〜⑤に準ずる			
⑨	屋外階段：その他の階段	≧ 60cm				

注1：踏面はその水平投影距離で測る　注2：直階段（まっすぐに昇降する階段）の踊場の踏幅は120cm以上必要　注3：階段（高さ＞1mのものに限る）には手すりを設ける　注4：階段、踊場の両側には側壁等を設ける（手すりがある側を除く）　注5：階段幅＞3mの場合、中間に手すりを設置する（けあげ≦15cm、かつ踏面≧ 30cmの場合は不要）　注6：階段に代わる傾斜路の場合、勾配≦1／8、かつ粗面仕上げとする　注7：カッコ内は、同等以上に昇降を安全に行うことができる階段の寸法。階段の両側に手摺を設け、踏面を粗面など滑りにくい材料で仕上げることでこの緩和を適用できる（平26国交告709号）

※ 1：居室の床面積によって③の数値の場合がある　※ 2：階段またはその近くに見やすい方法で、十分に注意して昇降を行う必要がある旨を表示すること。ただし、①、②および⑤のいずれかの階段で、それぞれ当該各項に定める寸法（注7を満たす）に適合するものを除く　※ 3：木造は不可。ただし防腐措置を講じた準耐火構造は可（令121条の2）　※ 4：①〜④以外の階段

階段の幅の算定

❶ 手すり等の出幅免除

手すり

10cm以下

10cm

>10cm

算定する範囲

❷ 昇降を安全に行うための設備等の扱い

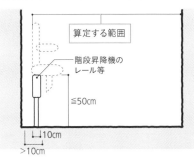

算定する範囲

階段昇降機の
レール等

≦50cm

10cm

>10cm

原則、階段と踊場の幅は有効幅で算定する。手すりや高さ50cm以下の階段昇降機のレール等を設置する場合は、それらの幅10cmを限度に不算入とすることができる

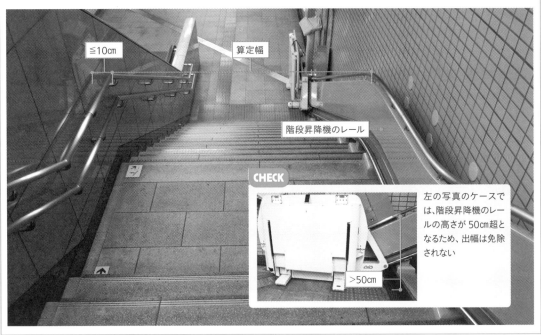

≦10cm

算定幅

階段昇降機のレール

CHECK

>50cm

左の写真のケースでは、階段昇降機のレールの高さが50cm超となるため、出幅は免除されない

手すりの高さの算定

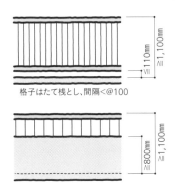

110mm / ≧1,100mm

格子はたて桟とし、間隔<@100

≧800mm / ≧1,100mm

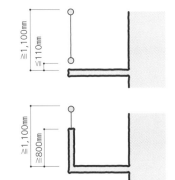

≧1,100mm / 110mm

≧1,100mm / ≧800mm

屋上広場または2階以上の階にあるバルコニー、避難経路となる階段の踊場・吹抜きに面した廊下等に設置する手すりは1,100mm以上の高さとし、上図のような構造が望ましい[※5]

共同住宅や不特定多数の人が利用する特殊建築物では、転落防止のために左図を参考に手すりを設置することが望ましい[※5]

※5 『建築物の防火避難規定の解説』（ぎょうせい刊、日本建築行政会議編）の解釈による

第 **3** 章 長さ

建築物と境界線との距離の規定は4つある

建築物と境界線との距離の規定は4つ挙げられる。まずは、法46・47条による壁面線の指定である。特定行政庁が壁面線を指定した場合、壁面線を越えて建築物や高さ2mを超える門塀をつくることができない、と規定されている。

2つ目は、法54条による外壁後退である。第1・2種低層住居専用地域または田園住居地域内で都市計画により外壁の後退距離が定められた地域では、その距離を確保しなければならない、との規定である［※1］。

3つ目が、法68条の2による地区計画に基づく条例の規定である。この条例において壁面の位置の制限が可能とされている（令136条の2の5）。

4つ目は法65条による規定で、防火地域・準防火地域内で外壁が耐火構造であれば隣地境界線に接して建築できる、とされている。これは、民法234条の規定（建物の外壁は隣接地との境界線から50cm以上離さなければならない）と矛盾するが、判例では建築基準法の規定が優先されるとの判断が示されている（なお、民法は、確認審査の対象となる建築基準関係規定〈令9条〉ではない）。

建築物と境界線との距離の算定の基本

1　法46・47条に基づく壁面線は、用途地域に関係なく特定行政庁が指定することができ、壁面線［※2］を越えて建築できるのは地盤面下の部分、または特定行政庁の許可を得た歩廊等のみである

2　法54条に基づく外壁後退距離は、第1・2種低層住居専用地域内または田園住居地域内で都市計画による指定を受けた地域内で適用され、後退距離は1.5m以上または1m以上である［※1］

3　地区計画に基づく条例が定められている場合は壁面の位置の制限を行うことができる［※3］（法68条の2）

4　防火・準防火地域内の耐火構造の外壁は隣地境界線に接して設けることができる（法65条）

5　確認審査の対象となる建築基準関係規定ではないが、民法では外壁の後退距離を50cm以上としている

❶建築物の敷地と道路との関係

根拠条文	対象となる地域	構造等	対象の距離	規定値	緩和	備考
法46・47条	特定行政庁が指定した地域	すべて	建築物の壁・柱または高さ2mを超える門・塀	特定行政庁が指定	地盤面下の部分または特定行政庁の許可を得た歩廊等	特定行政庁が認めた場合は、容積率・建蔽率の緩和を受けられる（法52条11項、法53条4項）
法54条	第1・2種低層住居専用地域内または田園住居地域内で、都市計画によって定められた地域	すべて	建築物の壁・柱の面まで	1.5m以上または1m以上（都市計画で定められた値）	令135条の21の規定による	―
法68条の2	地区計画で壁面の位置の指定がされ、条例が制定されている地域	すべて	建築物の壁・柱または高さ2mを超える門・塀	地区計画の内容に基づき、条例で定める	条例の規定による	―
法63条	防火・準防火地域	外壁が耐火構造	外壁と隣地境界線	0cmでもよい	―	―
民法234条	すべて	すべて	建築物と境界線	50cm以上	異なる習慣がある場合はそれに従う（民法236条）	―

※1：後退距離が定められていても、次の場合は免除される。①外壁または外壁に代わる柱の中心線の長さの合計≦3m、②物置等で軒高≦2.3m、かつ、床面積の合計≦5㎡（令135条の21）　※2：壁面線は道路境界線からの距離で指定される　※3：地区計画が都市計画決定されていても、法68条の2に基づく条例が定められていない場合は確認審査の対象とならない

外壁の後退距離の算定 （法54条）

❶ 基本

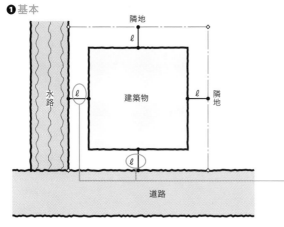

隣地
ℓ
水路
ℓ
建築物
ℓ 隣地
ℓ
道路

後退距離は1.5mまたは1m以上で、建築物の外壁等から敷地境界線までの距離を算定する。なお、この規定は敷地境界線を対象としているので、斜線制限等の規定と異なり、道路・水路に面する敷地の場合でも後退が必要となる

道路・水路との境界線からも1.5m以上または1m以上の距離が必要

❷ 後退距離のとり方

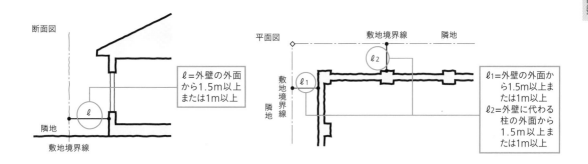

断面図

隣地
敷地境界線
ℓ

ℓ＝外壁の外面から1.5m以上または1m以上

平面図

敷地境界線　隣地
ℓ2
敷地境界線
ℓ1
隣地

ℓ1＝外壁の外面から1.5m以上または1m以上
ℓ2＝外壁に代わる柱の外面から1.5m以上または1m以上

外壁の後退距離の緩和 （令135条の22）

❶ 後退距離の緩和（外壁等）

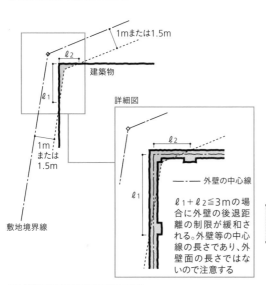

1mまたは1.5m
ℓ2
建築物
ℓ1
1mまたは1.5m
敷地境界線

詳細図

ℓ2
外壁の中心線
ℓ1

ℓ1＋ℓ2≦3mの場合に外壁の後退距離の制限が緩和される。外壁等の中心線の長さであり、外壁面の長さではないので注意する

凡例 ▨：後退距離制限が緩和される部分

❷ 後退距離の緩和（物置等）

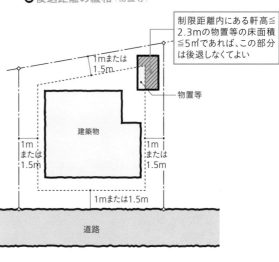

制限距離内にある軒高≦2.3mの物置等の床面積≦5㎡であれば、この部分は後退しなくてよい

1mまたは1.5m
物置等
建築物
1mまたは1.5m
1mまたは1.5m
1mまたは1.5m
道路

建築基準法と民法234条の関係

断面図

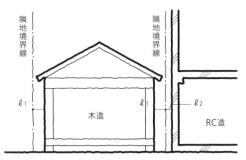

平面図

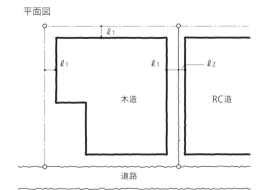

$\ell_1 \geqq 50\mathrm{cm}$（民法234条）
ℓ_2＝制限なし（防火地域または準防火地域内にある建築物
で外壁が耐火構造［法63条］）

法63条（隣地境界線に接する外壁）では、敷地が防火地域または準防火地域で、建築物の外壁が耐火構造であれば、隣地境界線に接して建築できることを規定しているため、民法と矛盾する。しかし、外壁が耐火構造であれば、民法234条の後退距離の制限を受けず、隣地境界線に接して建築することができるとした最高裁判例（平成元年9月19日判決）があり、実務的にこの解釈で運用されている。ただし、外壁後退の制限がかかった地域では、その規定を満足する必要がある

column

地区計画で定められる建築物等に対する規制

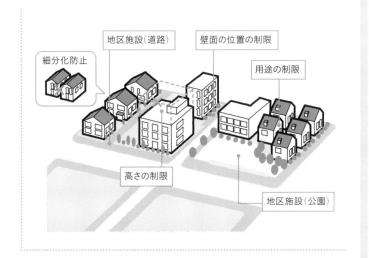

　地区計画は、都市計画法（12条の4から12条の13）に基づき、街区単位できめ細かな規制を行えることから、近年、まちづくりの手法として積極的に活用されている制度である。地区計画では、地区の目標・方針に加え、地区整備計画の中で道路や公園などの地区施設を定めるほか、「建築物等に関する事項」として、具体的な用途規制や容積率、高さ、壁面線の指定などが行われている。

　地区計画で定められた建築物等に対する規制は、そのままでは建築基準法上の規制とならないが、地方公共団体は地区計画に基づいて建築物を制限する条例を定めることができる（法68条の2）。条例が定められると確認申請上の審査対象となり、条例を遵守しないと

確認済証が交付されない。

　地区計画に基づく条例で制限できる内容は、建築物の用途、容積率・建蔽率の最高限度、最低敷地面積、壁面線、建築物の最高高さ、最低高さ、形態・意匠、垣または柵の構造、建築限界、間口率、防火上の制限、遮音上の制限、防音上の制限（令136条の2の5）のほか、緑化率（都市緑地法39条）など、通常、確認審査の対象とならない内容を含め、多岐にわたるので注意

が必要である。

　また、地区計画は規制をするばかりでなく、緩和する内容のものもある。たとえば、いわゆる街並み誘導型地区計画（都市計画法12条の10、法68条の5の5）では、建物高さ・容積率の最高限度などが定められているが、その代わり前面道路幅員による容積率制限や道路斜線・隣地斜線などが、特定行政庁の許可を条件に適用されない場合がある。

長さ

接道長は原則 2m だが条例で厳しくできる

建築物の敷地は、原則として道路に 2m 以上接しなければならない。ただし、原則として周囲に広い空地を有する敷地で、特定行政庁が建築審査会の同意を得て許可したものはこの限りではない（法 43 条 2 項許可等）[※]。

一方、多くの人が出入りする特殊建築物や、階数や延べ面積の大きい建築物については、交通・安全・防火・衛生上、2m の接道長では支障が生じることも多い。そのため、法 43 条 3 項において地方公共団体が条例で制限を付加できるとされており、実際、条例で何らかの規制を設けているケースが一般的である。

接道義務の算定の基本

❶ 敷地の接道の基本

・敷地は道路に 2m 以上接しなければならない（法 43 条 1 項）
・特殊建築物や階数が 3 以上の建築物等について、避難や通行上の安全のため、地方公共団体の条例で敷地が接する道路の幅員、道路に接する長さの制限を付加することができる（法 43 条 3 項）

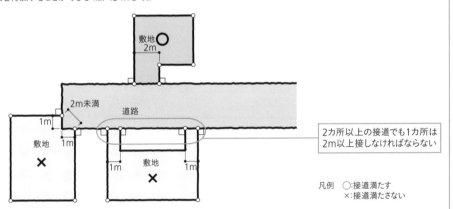

❷ 2m 以上接していても有効な接道とならないケース

道路に接する部分で 2m の長さがとれても、敷地に通じる路地状部分に幅員が 2m 未満の個所がある場合などは、通行上有効な幅員を確保する観点から、有効な接道とみなせない

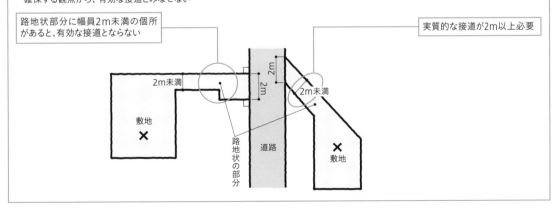

※：避難及び通行の安全上必要な国土交通省令で定める基準に適合する幅員 4m 以上の道（道路に該当するものを除く）に 2m 以上接している建築物のうち、利用者が少数であるものとしてその用途及び規模に関し国土交通省令で定める基準に適合するもので、特定行政庁が交通上、安全上、防火上及び衛生上支障がないと認めるものについても、接道規制が適用されない（この場合、建築審査会の同意は不要）

■ 法43条3項に基づく接道規制条例の例

大規模な重層長屋の敷地の形状の例

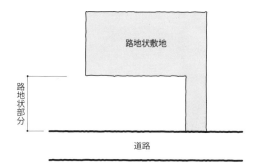

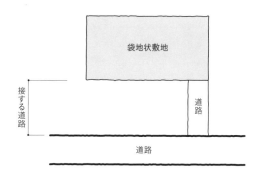

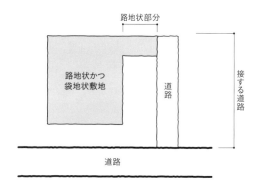

平成30年の建築基準法改正で、火災時等に避難が困難な「その敷地が袋路状道路にのみ接する延べ面積が150㎡を超える長屋等の建築物（一戸建ての住宅を除く）」について、地方公共団体が条例で接道規制を強化できるよう、法43条3項が新設された

> 大規模重層長屋の敷地の形状は、通常の接道の敷地のほか、「路地状敷地」、「袋地上敷地」、「路地状かつ袋地上敷地」に分類される

道路幅員は側溝は含むが
法敷は含まない

　建築基準法では、原則として幅員が4m以上の道路を建築基準法上の道路と定めている（法42条1項）が、ここでいう道路の幅員とは一般交通の用に供される部分をいい、側溝を含むが法敷は含まない（平成20年4月15日国住街第22号）。

　ただし、特定行政庁が道路の位置を指定している場合、異なる方法を用いていることがあるので、確認が必要である。

　なお、道路幅員に含まれていない部分（法敷など）についても、道路区域内であれば、建築物や敷地を造成するための擁壁を建築することができない（法44条）ので注意が必要である。

道路幅員の算定の基本

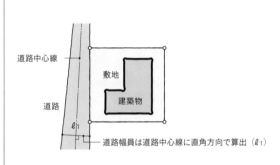

道路中心線
敷地
道路
建築物
ℓ_1
道路幅員は道路中心線に直角方向で算出（ℓ_1）

1　道路幅員は道路中心線を決め、その中心線に対し直角方向にある道路境界線間の距離を測る

2　原則として側溝は含むが法敷は含まない。ただし、特定行政庁に確認が必要である

❷ 法敷の取扱い

イ）路面が高い場合

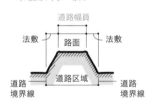

道路幅員
法敷　路面　法敷
道路区域
道路境界線　　道路境界線

ロ）路面が低い場合

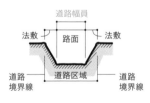

道路幅員
法敷　路面　法敷
道路区域
道路境界線　　道路境界線

ハ）階段状の格差がある

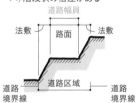

道路幅員
法敷　路面　法敷
道路区域
道路境界線　　道路境界線

❸ 道路端部の拡大図

イ）法敷がある場合

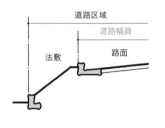

道路区域
道路幅員
法敷　路面

ロ）歩道がある場合

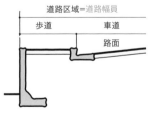

道路区域＝道路幅員
歩道　車道
路面

ハ）端部のバリエーション

道路幅員　　道路幅員
縁石
縁石
道路幅員
側溝

容積率算定における 最大幅員のとり方

　容積率の上限は、①用途地域ごとに定められた範囲内で都市計画によって決定された値（法52条1項）、②前面道路の幅員が12m未満の場合は、その幅員に一定の割合（住居系の用途地域で0.4、その他の地域では0.6が原則）を乗じて得た値（法52条2項）、のいずれか小さいほうの値となる。前面道路の幅員が部分によって異なる場合、②の前面道路幅員をどこでとるかは、建築計画上、大きな影響を与えることになる。

　法52条2項では、算定の基礎となる前面道路に必要な接道長について定めていない。しかしながら、建築物の敷地に必要な最低の接道長さ（法43条）の規定を準用し、2m以上接している幅員とするのが一般的である。その際の接道長測定の考え方は、法43条の場合と同じである。

容積率算定における前面道路幅員の算定例①

❶ 行止り道路に面する敷地のケース

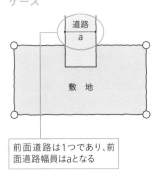

前面道路は1つであり、前面道路幅員はaとなる

❷ 幅員の異なる2つの道路に挟まれた敷地のケース

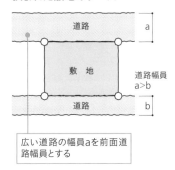

広い道路の幅員aを前面道路幅員とする

❸ 幅員の大きい道路に接する長さが短いケース

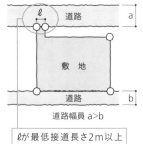

ℓが最低接道長さ2m以上であれば、広い道路の幅員aを前面道路幅員としてよい

❹ 敷地がT字路の道路に接するケース

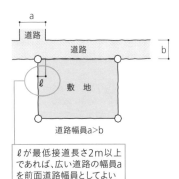

ℓが最低接道長さ2m以上であれば、広い道路の幅員aを前面道路幅員としてよい

❺ 道路幅員が大きく異なるケース

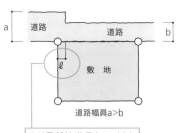

ℓが最低接道長さ2m以上であれば、広い道路の幅員aを前面道路幅員としてよい

❻ 道路幅員がV字状のケース

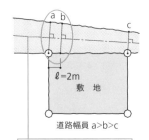

aの幅員を有する道路は2m以上接道していない。bの幅員であればb以上の幅員が2m接道するため前面道路幅員とみなせる

容積率算定における前面道路幅員の算定例②

❶ 敷地前面だけ道路が拡幅されたケース

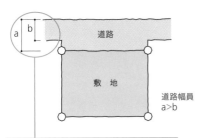

道路幅員
a>b

道路幅員に連続性がなく、前面道路の容積率制限の趣旨から道路幅員aを前面道路幅員とはみなせない。したがって、前面道路幅員は、道路幅員bとするのが一般的

❷ 水路をまたいで道路に面する敷地のケース

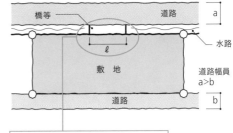

道路幅員
a>b

ℓが最低接道長さ2m以上であれば、広い道路の幅員aを前面道路幅員とすることが多い

容積率算定における前面道路幅員算定の特殊な事例

❶ 傾斜地における変形なT字路

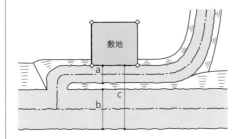

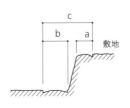

本来、a道路はb道路とT字路になるべきものなので、一般的にaが前面道路の幅員である

❷ 立体交差点における側道 1（本線が側道より高くなる場合）

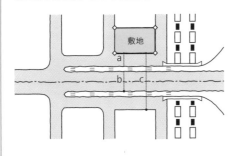

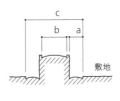

aが前面道路の幅員である

❸ 立体交差点における側道 2（本線が側道より低くなる場合）

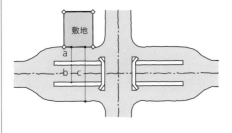

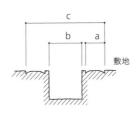

道路の全幅員が交通量に対して機能していることを考慮し、一般的にcが前面道路の幅員である

特定道路からの延長による容積率緩和

前面道路の幅員による容積率制限だけでは、広い道路に接する敷地と、それに隣接するものの狭い道路にしか接しない敷地との間に極端な容積率の上限値の差が生じ、土地利用上も問題が生じることになりかねない。そこで、前面道路の幅員が6m以上あれば、幅員15m以上の道路（特定道路）から70m以内の範囲で、容積率の上限を連続的に変化させる規定が設けられている（法52条9項）。

この規定は、容積率算定上の前面道路の幅員に、特定道路からの距離に応じて計算した値（令135条の18）を加算することができるとしたものである（都市計画で定められた容積率の上限を超えることはできない）。

なお、確認申請時には前面道路および特定道路の位置・幅員、特定道路から敷地が接する前面道路の部分までの長さ等を記載した「特定道路の配置図」が必要となる（規則1条の3）。

特定道路に接続する敷地の道路幅員の算定の基本

1 容積率制限においては、敷地が2m以上接する「前面道路」の幅員が12m未満であっても6m以上で、かつその道路が幅員15m以上の特定道路に接続していれば、実際の道路幅員で算出する容積率よりも割増しできる（法52条9項）

2 特定道路からの延長は最大70m。近いほど割増しが大きい

3 特定道路からの延長は、前面道路の中心線の長さで測定する

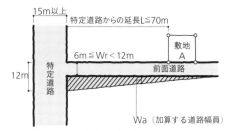

「加算できる道路幅員」の算定方法は、特定道路に接続する部分を都市計画で指定された容積率が採用できる12m幅員とみなし、特定道路から70mの位置を実存する道路幅員として、その間を直線補完する方法で行う。特定道路に近いほど大きく、遠いほど小さくなる

MEMO 前面道路に加算する数値の計算式

$$Wa = \frac{(12 - Wr) \times (70 - L)}{70}$$

Wa：加算する数値
Wr：前面道路の幅員
L：特定道路から建築物の敷地が接する前面道路の部分の直近の端までの延長

L=35m、Wr=6mとした場合

イ）敷地Aの前面道路幅員に加算できる道路幅員の算定

$$Wa = \frac{(12 - Wr) \times (70 - L)}{70}$$
$$= \frac{(12 - 6) \times (70 - 35)}{70}$$
$$= \frac{6 \times 35}{70} = \frac{210}{70}$$
$$= 3m$$

ロ）敷地Aの前面道路幅の算定

Wr+Wa=6m+3m=9m

ハ）前面道路幅員による容積率の比較
（住居系地域の場合）
特定道路による加算がない場合
6m×4／10=240%
特定道路による加算がある場合
9m×4／10=360%
∴加算ありは1.5倍になる（ただし、指定容積率以下）

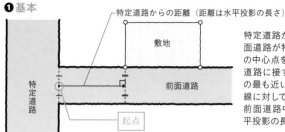

特定道路に接続する敷地の道路幅員の測定の基本

❶基本

特定道路からの距離（距離は水平投影の長さ）

敷地

前面道路

特定道路

起点

特定道路からの延長とは、敷地の前面道路が特定道路に接続する部分の中心点を起点として、敷地の前面道路に接する部分のうち特定道路の最も近い点から前面道路の中心線に対して下ろした垂線の交点と、前面道路中心線とまでの延長の水平投影の長さをいう

❷斜めに接続するケース

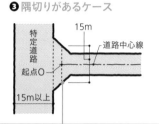

特定道路

1/2
1/2
道路中心線

起点O

❸隅切りがあるケース

15m

道路中心線

特定道路

起点O

15m以上

前面道路が隅切り道路の場合、特定道路が90°折れて前面道路側に入ってきていると考えるため、15mの幅も隅切りの内部でとることになる

❹特定道路の幅員が変化しているケース

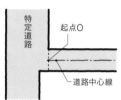

特定道路

起点O

道路中心線

「延長」とは道路の「中心線の長さ」のこと

延長の測定の具体例

❶道路が水平でないケース

平面図

特定道路

L

道路

A'

敷地

6m以上

断面図

特定道路

O

A'

道路面

水平投影面

L

A

特定道路からの距離

L=ŌA

❷道路が直交しているケース

特定道路からの距離
敷地A　$L=\overline{OO_1}+\overline{O_2A}$
敷地B　$L=\overline{OO_1}+\overline{O_3B}$
敷地C　$L=\overline{OC}$

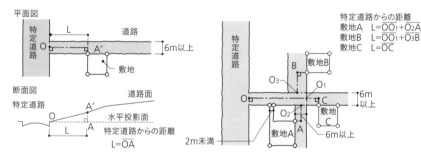

特定道路

O3

B

敷地B

O1

O

C

6m以上

O2

敷地C

6m以上

敷地A

A

2m未満

❸直交しない交差道路のケース

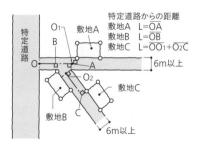

特定道路からの距離
敷地A　$L=\overline{OA}$
敷地B　$L=\overline{OB}$
敷地C　$L=\overline{OO_1}+\overline{O_2C}$

特定道路

O1

敷地A

B

A

6m以上

O2

敷地C

敷地B

C

6m以上

❹幅員がゆるやかに変化するケース

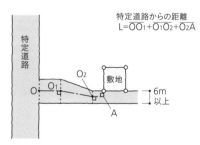

特定道路からの距離
$L=\overline{OO_1}+\overline{O_1O_2}+\overline{O_2A}$

特定道路

O2

敷地

O

O1

A

6m以上

前面道路が直線で、幅員が一定であれば単に中心線を測定する。❶のように道路が水平でない場合、「延長」は特定道路から敷地までの距離の水平投影面で測る。❷のように前面道路が特定道路と直交するかたちで接続している場合、特定道路から前面道路の接続点までの水平距離と、前面道路が始まる点から敷地までの水平距離を足し合わせる。❹のように前面道路幅員が途中で変わる場合は、その幅員ごとの中心線の水平距離を測り足し合わせる。

なお、計画道路に接続する場合は、法42条1項4号の事業執行予定道路の指定を受けられれば、特例を利用できる場合もある

延焼のおそれのある部分は
境界線から3(5)m

延焼のおそれがある部分［※1］とは、隣接する建築物で火災が発生したときに延焼する危険性が高い建築物の部分をいい、隣地境界線、道路中心線または同一敷地内の2以上の建築物（延べ面積の合計が500㎡以内の建築物は一の建築物とみなす）相互の外壁間の中心線から、1階では3m以内、2階以上では5m以内の範囲と規定されている（法2条6号）。

防火地域、準防火地域内の建築物や一定の防火上の措置の必要な建築物においては、延焼のおそれのある部分にある外壁・軒裏・開口部に防火上の対策をとらなければならない。

ただし、防火上有効な公園・広場・川等の空地や水面または耐火構造の壁その他これらに類するものに面する部分は除外されている。

延焼のおそれのある部分の算定の基本①

1 延焼のおそれのある部分とは、隣棟や隣接地が火災の場合に延焼を受ける危険性のあるそれらから一定の距離にある部分をいい、範囲内の外壁や開口部は防火上の措置が必要となる（法2条6号）

2 敷地内の2以上の建築物の相互の外壁間の中心線、隣地境界線および道路中心線の各線から、1階部分で3m以内、2階以上の部分で5m以内を指す［※2］

①同一敷地内で複数の建築物がある場合、延べ面積の合計が500㎡以内の2以上の建築物は1棟の建築物とみなす

②防火上有効な公園、広場、川等の空地もしくは水面に面する部分は除外する［※3］。また、耐火構造の壁その他これらに類するものに面する場合も除外される

③同一敷地内にある附属建築物（火災の発生のおそれの少ない自転車置場、小規模の物置（ゴミ置場も含む）、浄化槽の上屋、ポンプ室等で主要構造部が不燃材料でつくられたもの）は、②の「その他これらに類するもの」として、延焼のおそれのある部分を生じないとすることができる。なお、物置等の開口部には防火設備を設けること

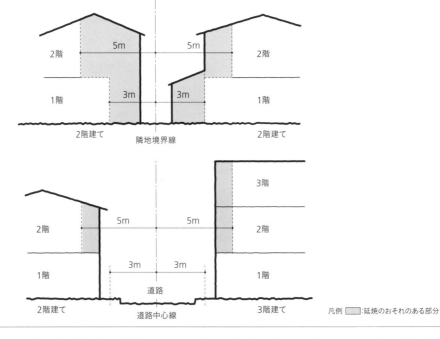

※1：次の部分は除く。防火上有効な公園、広場、川その他の空地または水面、耐火構造の壁その他これらに類するものに面する部分。建築物の外壁面と隣地境界線等との角度に応じて、当該建築物の周囲において発生する通常の火災時における火熱により燃焼するおそれのないものとして国土交通大臣が定める部分（令2国交告197号）　※2：一方の建築物が平屋であっても他方の建築物は最上階まで延焼のおそれのある部分の制限を受ける　※3：線路敷は防火上有効な公園、広場、川等の空地に類するものとして扱う。ただし、駅舎等駅構内に面する部分は除く

延焼のおそれのある部分の算定の基本②

延焼のおそれのある部分に必要な措置

（1）耐火建築物（法2条9号の2）			
開口部		防火設備	法2条9号の2ロ
（2）イ準耐火建築物（法2条9号の3イ）			
開口部		防火設備	法2条9号の2ロ
（3）ロ準耐火建築物（法2条9号の3ロ）			
ロ準耐1	外壁開口部	防火設備	法2条9号の2ロ
ロ準耐2	外壁	防火構造以上	令109条の3第2号
	外壁開口部	防火設備	法2条9号の2ロ
（4）法22条区域内の木造建築物			
外壁		防火構造以上または準防火性能をもつ土塗壁もしくは同等以上の有効な構造	法23条
（5）延べ面積が1,000㎡を超える木造建築物			
外壁および軒裏		防火構造	法25条
（6）準防火地域内の木造建築物			
外壁および軒裏		防火構造	法61条
付属する門・塀（高さ＞2m）		不燃材料でつくる、または覆う	法61条
（7）防火・準防火地域内の耐火および準耐火建築物以外の建築物			
外壁の開口部		防火設備	法61条

外壁が同じ長さ・平行でない場合の中心線

❶ 外壁の長さが異なる場合

外壁の長さが異なる場合、建築物Aの外壁線を延長した線と建築物Bの外壁線の交点の角の二等分線を中心線とみなす

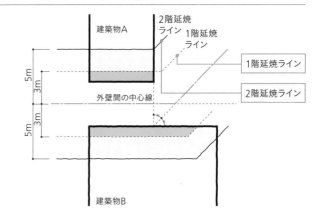

❷ 外壁が平行しない場合

外壁が平行しない場合は、❶と同様に、建築物Aの長辺・短辺それぞれの外壁線を延長させ、それらと建築物Bの外壁線との交点の角の二等分線を中心線とみなす

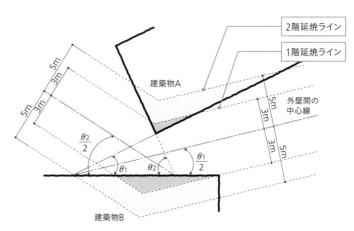

凡例 ▨:延焼のおそれのある部分（1階）
　　 □:延焼のおそれのある部分（2階以上）

敷地内に2棟以上ある場合の外壁間の中心線の算定例

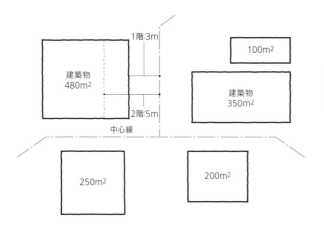

複数棟の建築物の場合、延べ面積の合計が500m²以内ごとに区画して中心線を設定するが、その算定（区画割り）は任意にしてよい

地階における延焼のおそれのある部分

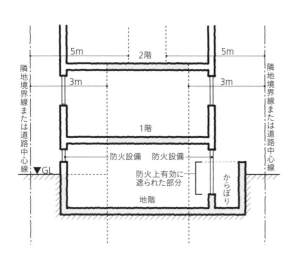

地階については、延焼のおそれのある部分の規定がないが、地階であっても開口部が地上部分に面している部分は1階とみなし、延焼のおそれのある部分を算定する。ただし、からぼりの壁等で防火上有効に遮られている部分は除く

延焼のおそれのある部分の緩和

❶角度に応じた延焼のおそれのある部分の緩和

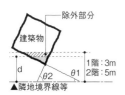

1階：d＝max{2.5, 3(1－0.000068θ^2)}
2階以上：d＝max{4, 5(1－0.000068θ^2)}
θ：外壁面と隣地境界線等との角度（θ_1、θ_2のうち最小の値）

❷高さ方向の延焼のおそれのある部分の緩和

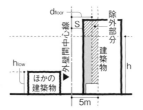

h：延焼のおそれのある部分の高さ
h_{low}：対面するほかの建築物の高さ
S：外壁間中心線と当該建築物の最小距離
d_{floor}：❶で算出したdのうち最大の値

対面するほかの建築物の高さが5m未満：
h＝h_{low}＋5＋5$\sqrt{\{1－(S／d_{floor})^2\}}$
対面するほかの建築物の高さが5m以上：
h＝h_{low}＋10＋5$\sqrt{\{1－(S／d_{floor})^2\}}$

凡例▨：延焼のおそれのある部分

防火上有効な水路等の算定式

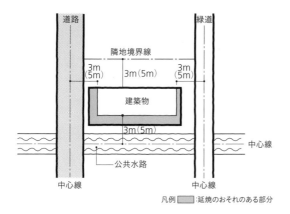

公園、広場、川、鉄道の線路敷は、防火上有効な空地とみなし、延焼のおそれのある部分から除外される。ただし、①防火上有効な幅員を有すること（10m程度以上）、②公園・水路等として空地の状態が維持されること、が条件となる。公共水路や緑道等は道路と同じ扱いとし、それらの中心線より延焼のおそれのある部分を算定するのが一般的

防火設備とみなすそで壁・塀等 （令109条2項）

❶ 防火上有効なそで壁の例

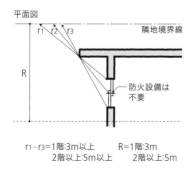

開口部の全範囲において隣地境界線までの距離が3mもしくは5m以上となるようにそで壁を設置する必要がある

r₁~r₃=1階:3m以上　　R=1階:3m
　　　　2階以上:5m以上　　2階以上:5m

❷ 防火上有効な塀の例

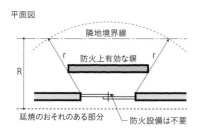

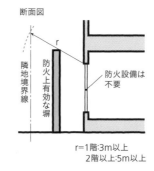

延焼のおそれのある部分の開口部を防火上有効なそで壁や塀等で遮断する場合、平面上だけでなく立体的にも延焼のおそれのある部分を遮断する必要がある

r=1階:3m以上　　R=1階:3m
　　2階以上:5m以上　　2階以上:5m

r=1階:3m以上
　　2階以上:5m以上

直通階段までの歩行距離は最も遠い居室の隅から

　一定の特殊建築物や階数3以上の建築物、採光無窓居室を有する階、延べ面積1,000㎡以上の建築物では、居室の各部から直通階段までの歩行距離の上限が定められている（令117条・120条）。これを「直通階段までの歩行距離」といい、その階の直通階段から最も遠い居室の隅から直通階段に入るまでの距離で表すのが一般的である。

　2以上の直通階段がある場合は、そのうちの1つまでの歩行距離が令120条の値を満たしていればよいが、各直通階段に至る歩行距離が重なる部分（重複距離）の制限に適合させる必要がある（令121条）。

　なお、避難階においては、直通階段および各居室から屋外の出入口までの歩行距離に上限が設けられている（令125条）。

直通階段までの歩行距離の算定の基本①

1 避難上、直通階段［※1］の設置について、その階の最も遠い居室からの歩行距離が規定されている（令120条）

2 歩行距離は、建築物の構造、居室の種類、内装材、階数に応じてそれぞれ定められている

3 重複距離とは、2以上の直通階段を設置した建築物の場合、各直通階段に至る歩行経路が重なる部分（重複区間）の距離のことである。その重複距離は原則として令120条で定められている数値の1／2以下としなければならない

❶基本
その階の最も遠い居室の、一番奥を起点に歩行距離を算定する。居室内は最短距離をとる。廊下などの通路の奥行きが大きい場合は、右図のように最短距離を測ることができる

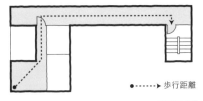

●┈┈▶ 歩行距離

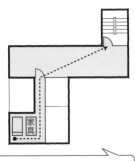

家具や什器が設置され、斜めのルートで算定することが困難な場合は、歩行可能なルートで歩行距離で算定する

> その階の最も遠い居室から
> 直通階段までの距離を算定する

❷2以上の直通階段がある場合の歩行距離の算定方法

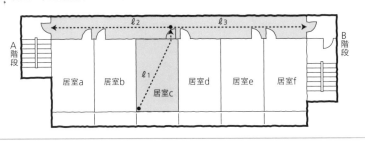

居室cからの歩行距離
A階段へは$\ell_1+\ell_2$……①
B階段へは$\ell_1+\ell_3$……②
①または②のどちらかの歩行距離が、令120条の規定［右頁表］による歩行距離以下であればよい。また、ℓ_1は重複距離となるため、ℓ_1が重複距離の制限値以下でなければならない

※1：建築物の各階から地上または避難階に直通する階段。階段から次の階段への距離が、避難方向の明確性を損なわない範囲で限りなく短くされ、階段が分断されず連続性を保ち、障害物もなく誤りなく容易に避難可能なものをいう

直通階段までの歩行距離の算定の基本②

歩行距離の制限一覧（令120条）　　　　　　　　　　　　　　　　　　　　　　　　単位：m

居室の種類	建築物の構造	主要構造部が耐火構造、準耐火構造、または不燃材料でつくられている場合				左欄以外の場合
	階（避難階を除く）	14階以下（避難階を除く）		15階以上		
	内装制限［※2］	準不燃材料以上	左欄以外	準不燃材料以上	左欄以外	
① 有効採光面積が床面積の1／20未満の居室［※3］						30以下 (15以下)
② 百貨店、マーケット、展示場、キャバレー、カフェー、ナイトクラブ、バー、ダンスホール、遊技場、公衆浴場、待合、料理店、飲食店、物品販売業を営む店舗（床面積＞10㎡）の主たる用途に供する居室		40以下 (20以下)	30以下 (15以下)	30以下 (15以下)	20以下 (10以下)	30以下 (15以下)
③ 病院、診療所（患者の収容施設のあるもの）、ホテル、旅館、下宿、共同住宅、寄宿舎、児童福祉施設等［※4］		60以下 (30以下)	50以下 (25以下)	50以下 (25以下)	40以下 (20以下)	
④ ①～③以外のもの		60以下 (30以下)	50以下 (25以下)	50以下 (25以下)	40以下 (20以下)	40以下 (20以下)
⑤ 避難階［※5］	階段から出口の一に至る歩行距離	①～④欄における数値以下				
	居室の各部分から屋外への出口の一に至る歩行距離	①～④欄における14階以下の場合の数値の2倍以下				

注：表中、（ ）内は重複距離の制限値

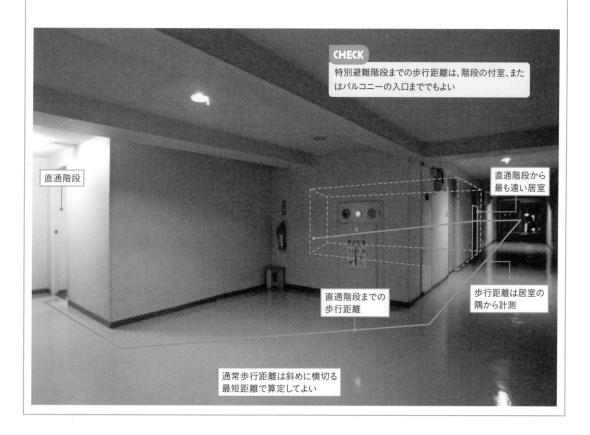

CHECK
特別避難階段までの歩行距離は、階段の付室、またはバルコニーの入口までででもよい

直通階段

直通階段から最も遠い居室

直通階段までの歩行距離

歩行距離は居室の隅から計測

通常歩行距離は斜めに横切る最短距離で算定してよい

※2：内装制限：準不燃材料以上の仕上げが必要な部分は、居室およびこれから地上に通ずる主たる廊下、階段そのほかの通路の壁（高さ≦1.2mの部分を除く）および天井の室内に面する部分　※3：当該居室の床面積、当該居室からの避難の用に供する廊下その他の通路の構造並びに消火設備、排煙設備、非常用の照明装置および警報設備の設置の状況および構造に関して避難上支障がないものとして国土交通大臣が定める基準に適合するものを除く（令5国告208号）　※4：令19条に定める施設　※5：直接地上へ通ずる出入口のある階をいう（令13条）

重複距離の考え方

❶ 重複距離の算定の基本

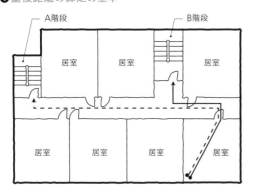

● - - - - ▶ A階段への歩行距離

●————▶ B階段への歩行距離

════════ A階段またはB階段への歩行経路が重なっている部分
（重複部分）の距離

この重複距離は、令120条の規定による歩行距離の1／2以下でなければならない［117頁表参照］

❷ 避難上有効なバルコニー［※6］があると重複距離の制限が免除となる

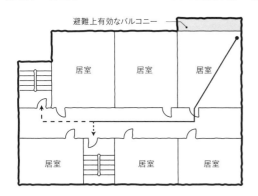

● - - - - ▶ 重複しない距離

●————▶ 重複距離

重複距離が令120条の距離の1／2以上となる場合でも、重複区間を経由しない位置に避難上有効なバルコニーを設けた場合、重複距離の制限が免除される

避難階における歩行距離の考え方

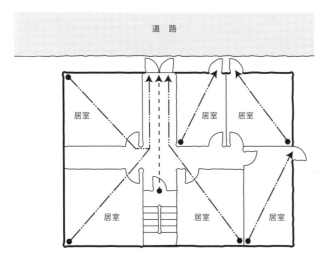

● - - - - ▶ 階段から屋外への出口の歩行距離
≦令120条に規定する数値

●—·—·—▶ 居室から屋外への出口の歩行距離
≦令120条に規定する数値の2倍

直通階段から屋外への出口に至る歩行距離を117頁表（令120条）の数値以下とすること。また、屋外への出口の一に至る歩行距離が同表の数値の2倍以下であること。なお、屋外避難階段、令125条1項の避難階における出口からは幅1.5m以上の敷地内通路が必要［125頁参照］

※6：「避難上有効である」とするための要件は建築基準法には定義されていないが、位置、面する通路の幅員、避難の手段、面積、奥行き、開口部、出入口、開放性、構造耐力上の条件を満たしたバルコニー等は、その設置により2以上の直通階段の設置の緩和および重複距離の制限の緩和を適用できる［51頁参照］

メゾネット式共同住宅の歩行距離

断面図

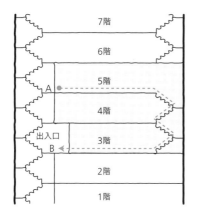

平面図

主要構造部が準耐火構造で
階数3以下、出入口が1の階の
みのメゾネット式共同住宅の
住戸では、出入口のない階に
おける居室の各部分から直通
階段までの歩行距離が40m
以下であれば、出入口のない
階も出入口のある階と同一階
上にあるものとみなし、歩行距
離を算定する（令123条の2）

A ●----------▶ B 歩行距離≦40m

店舗や事務所の上階に設けられた2以上の
階を有する住宅であっても、「メゾネット式共
同住宅」とみなすことができる

column

避難安全検証法により安全性能が確かめられた場合の緩和規定

　建築物または階に避難安全性能
があることが確かめられた場合、
避難関係規定のうち一部の規定は
適用されない。避難安全性能があ
ることを確かめるには、区画避難
安全検証法（令128条の6）、階避
難安全検証法（令129条）、全館避

難安全検証法（令129条の2）によ
るほか、国土交通大臣の認定によ
る方法がある。階および全館避難
安全検証法によって安全性能を確
かめることで適用が除外される規
定は下表のとおりである。

階および全館避難安全検証法により適用が除外される規定

項目	規定の概要		区画	階	全館
防火区画	高層区画	令112条7項	－	－	○
	竪穴区画	令112条11項	－	－	○
	異種用途区画	令112条18項	－	－	○
避難規定	廊下の幅	令119条	－	○	○
	直通階段までの歩行距離	令120条	－	○	○
	避難階段の構造の一部	令123条1項1・6号	－	－	○
	屋外避難階段の構造の一部	令123条2項2号	－	－	○
	特別避難階段の構造の一部	令123条3項1・12号	－	○	○
		令123条3項2号	－	－	○
		令123条3項3号	－	－	○
		令123条3項10号	－	○（一部除外）	○
	物販店舗の避難階段の幅	令124条1項1号	－	－	○
	物販店舗の避難階段に通じる出入口の幅	令124条1項2号	－	○	○
屋外への出口	屋外への出口までの歩行距離	令125条1項	－	－	○
	物販店舗における屋外への出口の幅	令125条3項	－	－	○
排煙設備	排煙設備の設置	令126条の2	○	○	○
	排煙設備の構造	令126条の3	○	○	○
内装制限	特殊建築物の内装（令128条の5）のうちの一部、自動車車庫等、調理室等		○	○	○

非常用進入口の
設置間隔は 40m 以下

　非常用進入口とは、災害時に消防隊がはしご（車）等を利用してその建築物内に進入し、救出・消火活動を行うため、道路または 4m 以上の空地に面する外壁面に設置するものである。そのため、視界が悪い場合でも場所が分かるよう、赤色灯や表示マークが義務付けられるとともに、進入口の位置や大きさ、構造、設置個所数、所定のバルコニーの設置などが細かく規定されている。

　なお、非常用エレベーターの設置義務も同じ主旨で設けられていることから、非常用エレベーターを設置した建築物には非常用進入口の設置は免除される（このほか、代替進入口を設けた場合も免除 [※1〜※3]）。

非常用進入口の設置間隔の算定の基本

1　非常用進入口は、道または道に通じる幅員 4m 以上の通路等に面する建築物の外壁の高さ 31m 以下の部分にある 3 階以上の階に、40m 以下の間隔で設置する（令126 条の 6、7）

2　非常用進入口の間隔は進入口の幅の中心間の距離（右図の ℓ）を算定する

❶ 設置間隔のとり方

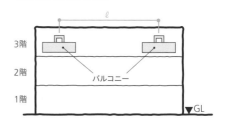

❷ 配置例

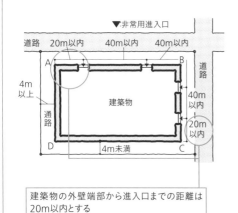

建築物の外壁端部から進入口までの距離は20m以内とする

法令規定上は道路に面する壁面（A-B-C間）または幅員4m以上の通路に面する壁面（A-D間）のどちらか一方に設置すればよいが、設置場所については管轄の消防署と協議することが望ましい

❸ 非常用進入口の構造

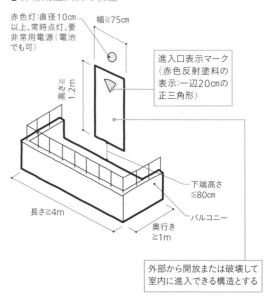

赤色灯：直径10cm以上、常時点灯、要非常用電源（電池でも可）

幅≧75cm

進入口表示マーク（赤色反射塗料の表示：一辺20cmの正三角形）

高さ≧1.2m

下端高さ≦80cm

バルコニー

長さ≧4m

奥行き≧1m

外部から開放または破壊して室内に進入できる構造とする

代替進入口は壁面の 長さ10m以内ごとに配置

　非常用進入口は、消防活動上有効なものであるが、実際の建築物では機能上あるいは意匠上、設置が困難な場合も少なくない。このため、より簡易な構造とする代わりに、設置間隔を狭めて個所数を増やすことで非常用進入口と同等の機能を果たせるものとして、その設置を免除するのが代替進入口である。

　非常用進入口と代替進入口はどちらを設けてもかまわないが、消防活動上支障となるため、同一階の同一外壁面では非常用進入口と代替進入口の混用は望ましくない。また、進入口のガラスの材質など、防犯上の要請と相反する部分もあるので、詳細については所轄の消防署と協議する必要がある。

代替進入口配置の壁面長さの算定の基本

1　代替進入口は非常用進入口に代わるものとして、建築物の外壁面に設ける開口部のこと

2　代替進入口は、非常用進入口同様に、道または道に通じる幅員4m以上の通路に面する各階の、壁面の長さ10m以内ごとに1カ所設けなければならない（非常用進入口が進入口の間隔を規定しているのに対し、代替進入口は、一定の範囲の外壁に1カ所以上設ける、という規定の仕方をしていることに注意）

❶ 代替進入口の配置例

イ）配置例 I

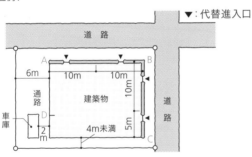

▼：代替進入口

代替進入口の配置：長さ10m以内ごとに1カ所
設置を要する外壁面の長さA-C間：（35m）
設置を要する個数：最低4カ所

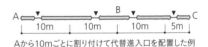

Aから10mごとに割り付けて代替進入口を配置した例

ロ）配置例 II

A　5m　10m　B　10m　10m　C

Cから10mごとに割り付けてもよい

共同住宅の場合は設置の特例がある

法令規定上は道路に面する壁面（A-B-C間）または幅員4m以上の通路に面する壁面（A-D間）のどちらか一方に設置すればよいが、設置場所については管轄の消防署と協議することが望ましい

❷ 代替進入口の大きさイ）またはロ）

イ）大きさ I

高さ≧1.2m
幅≧75cm

ロ）大きさ II

≧1m
直径1m以上の円が内接できる

ハ）手すりやベランダのある場合

1.2m以上
ℓ≧1.2m

MEMO 代替進入口の構造

格子その他屋外からの進入を妨げる構造でないこととされており、網入りガラスのFIX窓は認められないことも多いため、管轄の消防署と協議が必要である。また、進入口の赤色表示（赤い三角シール）は法的義務はないが、消防署から表示を指導されることも多い

避難階段の開口部等と
その他の開口部等との距離

　建築物の5階以上の階や地下2階以下の階に通じる直通階段は避難階段に、15階以上の階や地下3階以下の階に通じる直通階段は特別避難階段としなければならない（主要構造部が耐火構造で100㎡以内に防火区画されたもの等を除く［令122条］）。

　避難階段には屋内避難階段と屋外避難階段があり、それぞれ避難上の安全性を高めるため、内装や出入口の構造のほか、他の建築物の開口部からの距離などが規定されている（令123条）。

　また、特別避難階段には、災害時の煙を排除するための付室を設置するなど、さらに厳しい規定が課せられている。

避難階段の開口部等とその他の開口部等との距離の算定の基本

❶屋内避難階段・特別避難階段の階段室、バルコニー、付室の屋外に面する壁に設ける開口部

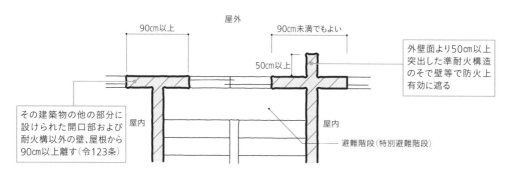

❷屋外避難階段から2m未満の距離にその階段への出入口以外の開口部を設けてはいけない

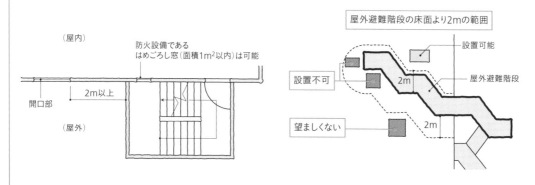

屋外避難階段の床面より上にある開口部は、階段の床面から2m以上離れていれば設置可能。屋外避難階段の床面の直下にある開口部は、床面から2m以上離れた部分であっても、煙・火炎の噴出等により避難に支障をきたすため、設置は望ましくない

スパンドレル等の幅は
水平・垂直ともに90cm以上

　防火区画（令112条）は、建築物で火災が発生したときに延焼の拡大を防止するとともに、避難や消火・救助活動を容易にするために設けられるものである。耐火構造・準耐火構造の床・壁および開口部の防火設備で構成される。

　防火区画には面積区画（令112条1・4・5項）、高層区画（同7項）、竪穴区画（同11項）、異種用途区画（同18項）があるが、このうち面積区画、高層区画、竪穴区画に接する外壁は、区画相互間の延焼を防ぐため、一定の範囲について区画壁と同等の防火性能をもつ壁等を設けなければならない。このとき設けられる壁のことを「スパンドレル」という。

スパンドレル等の幅の算定の基本

1 面積区画［※1］、竪穴区画［※2］、高層区画［※3］に接する外壁等（スパンドレル）は、垂直・水平方向とも幅90cm以上を準耐火構造とし、その範囲内の開口部は防火設備（法2条1項9号の2ロ）としなければならない（令112条16項）

2 防火上有効なひさしやそで壁（50cm以上）がある場合はスパンドレル等の代替措置として認められる

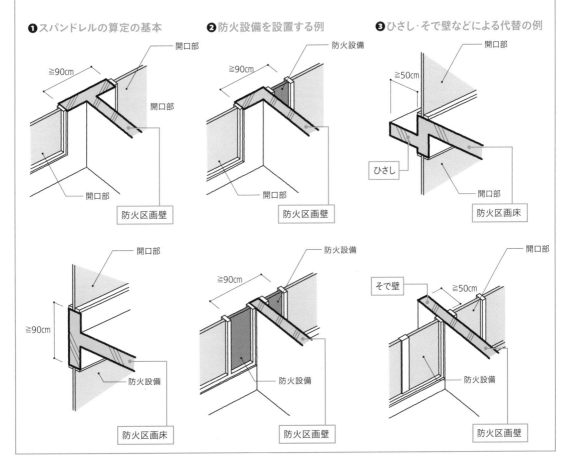

❶スパンドレルの算定の基本　❷防火設備を設置する例　❸ひさし・そで壁などによる代替の例

※1：主要構造部を耐火構造、イ準耐、ロ準耐とした建築物は1,500㎡ごとに1時間準耐火構造以上の壁（耐火構造の場合は耐火構造の壁）、床または特定防火設備で区画。準耐火建築物は、法令の規定により準耐火（ロ1）・イ準耐火（45分）としたものは500㎡ごと、法令規定により準耐火（ロ2）とイ準耐火（1時間）としたものは1,000㎡ごとに1時間準耐火構造以上の壁、床または特定防火設備で区画すること　※2：主要構造部が準耐火構造または特定避難時間倒壊等防止建築物以上で、地階または地上3階以上の階に居室のある建築物で吹抜き、階段、エレベーターシャフト、ダクトスペース、メゾネット式の住戸等の竪穴部分を準耐火構造の壁または防火設備で他の部分と区画すること　※3：11階以上の部分で各階の床面積の合計が100㎡を超えるものは床面積の合計100㎡ごとに耐火構造の壁、床または防火設備もしくは特定防火設備で区画すること

出入口の幅は
シャッター区画を除いて算定

出入口や開口部の大きさは、避難時に支障がないように大きさの下限が決められているものがある一方、防火区画等に用いる場合は区画の安全性の確保のため、大きさの上限が設けられることもある。

避難のための開口規制の場合、面積区画や竪穴区画が災害発生時に自動的に閉鎖するもの（煙感知器連動閉鎖式扉、シャッター等）によって構成されている場合、通り抜けのできない防火シャッターによる区画部分は有効な幅員とみなさない。また、併設される扉等による出入口の幅が必要寸法以上なければならない。

出入口の幅の算定の基本

1 床面積 1,500㎡超の物品販売業を営む店舗の避難階段等に通ずる出入口、屋外への出口、防火区画および防火壁に設ける防火戸の大きさ、エレベーターの機械室の出入口の大きさは制限されている

2 出入口の幅は有効寸法で算定する

出入り口の幅

出入口（出口）の種類			出入口の幅
①	大規模な物品販売業を営む店舗（床面積 > 1,500㎡）	避難階段および特別避難階段に通ずる出入口の幅（令124条）	幅の合計が、各階の床面積［※1］100㎡につき、イ）地上階：27cm以上［※2］、ロ）地階：36cm以上［※2］
②		屋外への出口の幅（令125条3項）	床面積が最大の階の床面積100㎡につき60cm以上［※3］
③	防火区画に設ける防火戸の大きさ（令112条19項1号）		常時閉鎖の場合：1カ所当たり面積3㎡以内 随時閉鎖の場合：幅 ≧ 75cm、高さ ≧ 1.8m（下端の床からの高さ ≦ 15cm）
④	防火壁に設ける開口部（特定防火設備）の大きさ（令113条1項4号）		幅 ≦ 2.5m、高さ ≦ 2.5m
⑤	エレベーターの機械室の出入口（令129条の9第4号）		幅 ≧ 70cm、高さ ≧ 1.8m
⑥	遮煙性能を有する防火設備でシャッターの場合（令112条19項2号）		内法幅5m以下（防火設備を併設する場合は8m以下）

❶基本

出入口（出口）の幅は、一般的に扉の有効幅で考える

ℓ＝出入口（出口）の幅

❷シャッター区画は除外

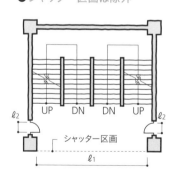

シャッター区画

シャッター区画の部分（ℓ₁）は、火災時に煙感知器に連動して閉鎖するため、出入口の幅としては算定できない。したがって、併設される直接手で開くことができるくぐり戸等の幅（ℓ₂）となる

※1：幅の合計の算定においては、専ら1もしくは2の地上階から避難階もしくは地上に通ずる場合は、その幅が1.5倍あるとみなされる（令124条2項）　※2：避難階段等に通ずる出入口の幅の算定においては、通常、シャッター部分の幅は含まれないとされている　※3：屋上広場も規定適用の対象階とみなされる（令125条4項）

敷地内通路の幅員は 1.5m 以上

長さ

　一定の特殊建築物や階数3以上の建築物、無窓居室を有する建築物、延べ面積1,000㎡以上の建築物では、屋外避難階段や避難経路となっている出入口から道または公園、広場その他の空地に通じる幅員1.5m以上の通路を設けなければならない（令128条1項）。さらに、地方公共団体は条例によって建築物の安全、

防災上必要な制限を加えることができる（法40条）ことから、特殊建築物等について、さらに広い幅員を確保するよう義務付けている特定行政庁も多い。

　また、大規模な木造建築物等については、別途所定の通路を確保し、敷地の接する道まで達しなければならない（法128条の2）。

敷地内通路の幅員の算定の基本

1　特殊建築物 [※1]、3階以上の建築物、採光上または排煙上の無窓居室のある建築物、延べ面積 > 1,000m² の建築物を対象とし（法35条）、屋外避難階段の出口や、特殊建築物等の屋内階段からの避難経路となっている出口から、道、公園、広場等の空地に通じる、幅員 1.5m 以上 [※2] の通路を設けなければならない（令128条）

2　敷地内の通路の幅員の算定の明確な定義はないが、災害時の避難・消火活動上、通行に障害となる部分を除いた有効幅員を確保することが必要

3　通路部分を、屋内部分と耐火構造の壁・床および常時閉鎖式の防火設備で区画し、通路の壁および天井の下地を不燃材料とし、外気に十分開放されている場合は、ピロティ等も敷地内通路として取扱われている

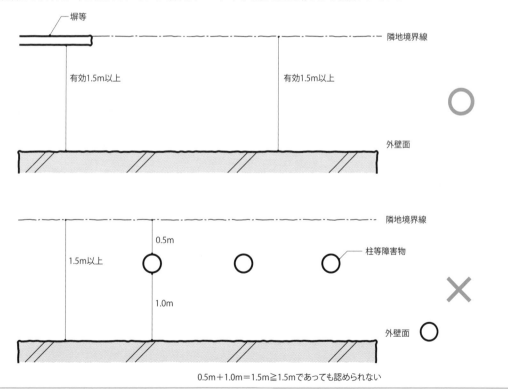

※1：法別表第1（い）欄（1）～（4）項　※2：階数が3以下で延べ面積200㎡未満の建築物の敷地内にあっては、90cm以上とすることができる

■ 大規模木造建築物等の敷地内の通路の幅員の算定例（令128条の2）

❶ 1棟で延べ床面積 1,000m² 超の木造建築物 [※3]

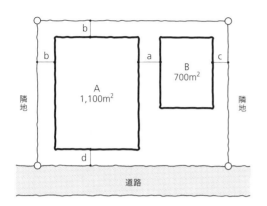

a≧3m　b≧1.5m　cおよびdは制限なし
（A>3,000m²の場合はb≧3m）

❷ 耐火・準耐火建築物以外で延べ面積の合計
が 2 棟以上で 1,000m² を超えるケース
（令128条の2 第2項）

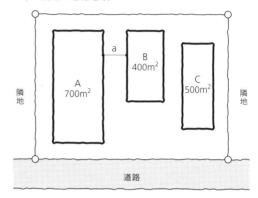

A+B=1,100m²>1,000m²
B+C=900m²<1,000m²
AとBの間に設ける通路a≧3mとし
BとCの間および隣地境界線側の通路には
幅員の制限はない

❸ 耐火建築物等が防火上有効に遮っているケース（令128条の2 第3項）

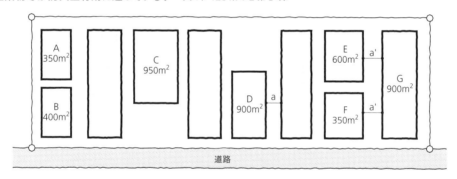

凡例 □□□：耐火建築物または準耐火建築物

A+B+C+D=2,600m²≦3,000m²
ただし、Eを加えると、A+B+C+D+E=3,200m²>3,000m²となるため、
A・B・C・DとE・F・Gとの間についてa≧3mが必要となる
（なお、②より、a'≧3m）

MEMO 大規模木造建築物の敷地内通路を横切る渡り廊下

下の条件に適合する場合に限り、大規模木造建築物の敷地内通路を
横切る渡り廊下を設置することができる

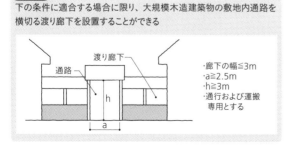

・廊下の幅≦3m
・a≧2.5m
・h≧3m
・通行および運搬
　専用とする

※3：主要構造部が耐火構造である部分を含む場合で、その部分と防火上有効に区画されているときは、その部分の床面積を除く

長さ

廊下の幅は手すりや柱型を除いた有効寸法

廊下は、火災等の非常時には速やかに階段や屋外へ避難するための重要な経路となる。そのため、建物用途別に両側居室の廊下とその他の廊下（片側居室）に必要な幅が規定されている（令119条）。柱型や手すりが突出している廊下では、それらを除いた有効寸法を算定する。

廊下の幅は、建築基準法以外にバリアフリー法でも規定されている。高齢者、障害者等が円滑に利用できる建築物とするために幅員を増加した部分を、建築確認時に特定行政庁の認定を受けることで、建築物の延べ面積の1／10まで不算入とすることができる（法52条14項1号、バリアフリー法24条）。

廊下の幅の算定の基本

1 廊下の幅は通行に必要な有効寸法で規定される

2 柱型や手すりが壁から突出している場合はそれらを除外した有効寸法を算定する

3 階避難または全館避難安全性能を有することが確かめられたものは、廊下の幅の規定が適用されない

廊下の幅員の一覧（令119条）

廊下の用途など		廊下の配置	
		両側に居室がある廊下	その他の廊下
①	小学校、中学校、義務教育学校、高等学校、中等教育学校における児童用または生徒用	2.3m	1.8m
②	病院における患者用	1.6m	1.2m
	共同住宅における共用 （その階の住戸・住室の床面積の合計＞100㎡）		
	地上階：居室の床面積の合計＞200㎡の階 地階：居室の床面積の合計＞100㎡の階 （ただし、それぞれ3室以下の専用の廊下を除く）		
③	上記以外	制限なし	

注1：幅の測定は、壁面間の水平距離による。柱型や手すりなどの突出部がある場合は、その内法の有効幅とされている　注2：共同住宅における共用廊下において、メゾネット式共同住宅の住戸（住戸の階数が2または3で、かつ、出入口が一の階にあるもの）の出入口のない階の床面積は、出入口（玄関）のある階にあるものとして床面積の算定をする（令123条の2）　注3：中廊下でも、片側が壁面のみ、または便所、倉庫など居室以外の場合は、上表の「その他の場合の幅」の数値でよい

❶平面図

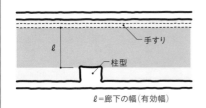

ℓ＝廊下の幅（有効幅）

❷断面図

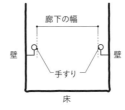

廊下の幅は通行に必要な有効寸法で規定されるため、柱型が壁から突出している場合、柱の面からの最小寸法が令119条に規定する数値以上でなければならない。手すりも同様に、手すり間の有効寸法を算定する（階段の幅員の寸法の場合は、10cmまでの手すりの出はないものとして扱うことができる）

両側に居室がある廊下に該当しない場合

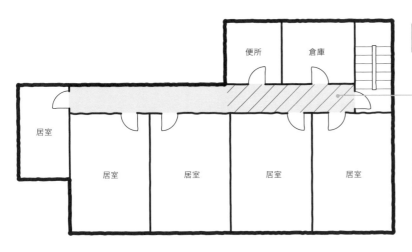

斜線部分も「その他の廊下」の
幅でよい

片側に居室があり、片側が便所、
倉庫等で居室になっていない場
合は、両側に居室がある廊下に該
当せず、その他の廊下の幅でよい

CHECK

両側が居室の場合、廊下の幅は 1.6m 以上、片側が居室の場合は廊下の幅は 1.2m 以上が必要となる

両側居室（共同住宅）

居室

≧1.6m

居室

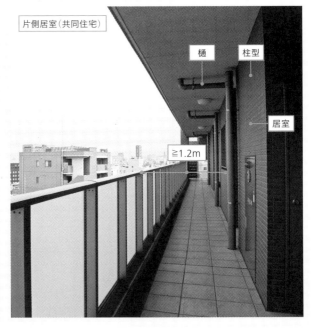

片側居室（共同住宅）

樋

柱型

居室

≧1.2m

第 **4** 章 階・階数

階数に不算入でも階に該当すれば延べ面積に算入される

「階」は法文上、定義されていないが、一般に人が立ち入ることができる空間で、高さが1.4m超であり、原則として屋根または床があるものとされている。それらの条件を満たせば「階」として扱われ、床面積に算入される。

「階数」は、建築物の部分ごとに地上および地下の階数を合計した数値である［※1］。そのため、地上に限定する場合は「地階を除く」と表現する。水平投影面積が建築面積の1／8以下の屋上突出部分等（令2条1項8号）、地階の倉庫、機械室これらに類するものは、階には該当するが、階数に算入されない［※2］。階数は、各種規制の有無を判断するうえで、用途、面積、高さと並んで非常に重要なものである。

地階を除く階数の考え方で主なものには、①3以上：1時間準耐火建築物とすることができる共同住宅等（法27条）、②4以上：準防火地域内における耐火要求のある建築物がある。また、用途規制（法48条）の対象となるものも、地上階のものである。

階と階数の基本的な考え方①

1 「階」は法令上の定義はないが、一般的には「人が立ち入れる空間（高さ＞1.4m）」で、原則として屋根または床があるものをいう

2 「階数」は建築物の部分ごとの地上および地下の階数の合計をいう。階には該当するが、階数に算入されないものがあることに注意する

❶階数の算定の基本

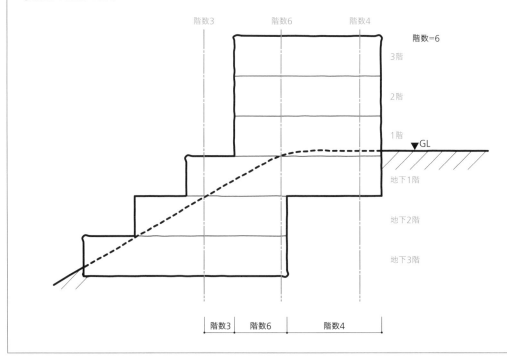

※1：建築物の一部に吹抜きがある場合や、傾斜地等の敷地に建てられているため部分的に階数が異なる場合、建築物の部分ごとに最大の階数を算定する　※2：階段室やエレベーターホールについては明記されていないが、通常の広さの場合は、一般的には「その他これらに類するもの」に該当するとされている

階と階数の基本的な考え方②

❷ 階数の算定例

イ）建築面積の1／8以下の屋上部分等を
　　有する建築物の場合

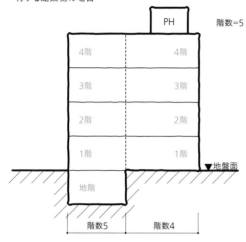

ロ）吹抜きを有する建築物の場合

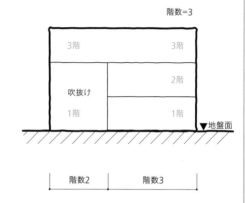

ハ）敷地が斜面地で建築物のその他の部分で
　　階数が異なる場合

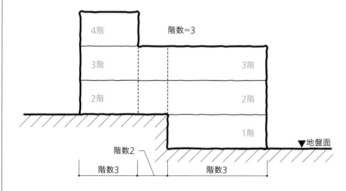

「階」「地階」「避難階」「階数」の定義

用語	定義条文	内容
階	—	「階」そのものの用語の定義はない。各条文で規定の対象となる階が明記されている
地階	令1条2号	床が地盤面下にある階で、床面から地盤面までの高さがその階の天井高の1／3以上
避難階	令13条1号	直接地上へ通じる出入口のある階のこと
階数	令2条1項8号	昇降機塔、装飾塔、物見塔その他これらに類する建築物の屋上部分または地階の倉庫、機械室その他これらに類する建築物の部分で、水平投影面積の合計がその建築面積の1／8以下のものは階数に算入しない
		建築物の一部が吹抜きとなっている場合、建築物の敷地が斜面または段地である場合、その他建築物の部分で階数が異なる場合、これらの階数のうち最大のものをいう

■屋上階・地階の取り扱い例

❶屋上部分にホールがある場合

建物の屋上に設置することがやむを得ない機械室や通常の広さのEVホールは令2条1項18号の「その他これらに類する部分」に該当し、階数に算入しない

❷地階に倉庫がある場合

地階の倉庫に通じる階段があっても、階段部分を含め、水平投影面積が建築面積の1／8以下であれば階数に算入しない

❸屋上面が複数存在する場合

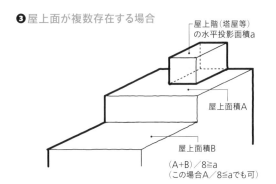

屋上階(塔屋等)の水平投影面積a

屋上面積A

屋上面積B

（A+B）／8≦a
（この場合A／8≦aでも可）

屋上面が複数存在する場合、個々の屋上面の屋上階(塔屋等)の水平投影面積の合計と建築物全体の建築面積との比較により判断する

> 「階数」に算入されない場合でも、「階」には該当するので延べ面積には算入される

■避難規定上、別の階とみなす取り扱い例

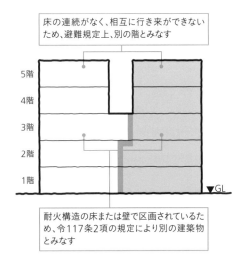

床の連続がなく、相互に行き来ができないため、避難規定上、別の階とみなす

5階
4階
3階
2階
1階
▼GL

耐火構造の床または壁で区画されているため、令117条2項の規定により別の建築物とみなす

凡例 ■■■:耐火構造の床または壁（開口部なし）

開口部のない耐火構造の壁・床で区画されていたり、ツインタワーのように床が連続しておらず、相互に行き来ができない階は、避難規定上、別の建築物とみなされ、別の階として扱う（令117条2項）。その際、以下の点に注意する
・廊下の幅や直通階段の設置などについて、別の建築物として検討する
・階段の各部寸法についても同様に扱うことができる（令23条）

注 この取り扱いは避難規定についての基準のため、建築物の耐火種別や防火区画などは1つの建築物として規制がかかる

MEMO 非常用進入口の考え方

避難規定ではないが、非常用の進入口も同様に考えるべきであろう。左図において、□部分にのみ進入口を設置しても□部分に行くことができないため、□部分には進入口が設置されていないことになる

避難階の取り扱い

避難階は「直接地上へ通ずる出入口のある階」をいう（令13条1号）。通常は道路や公園等の避難上安全な空地に容易に出ることができる1階が該当するが[※4]、傾斜地の場合などでは必ずしも避難階になるとは限らない。有効に避難できる人工地盤、ペデストリアン・デッキ（将来とも公共の用に供されるもの）等に通ずる出入口のある階も避難階に該当する。また、一の建築物に複数の避難階が存在することもある。

なお、直通階段、避難階段・特別避難階段は避難階に通じなければならないほか、物品販売業を営む店舗の避難階に設ける出口の幅等が規定されている

MEMO 階数の数え方

2以上の直通階段を設ける場合に、法文上「5階以上」「6階以上」との表現がされているが、これは地上5階や地上6階を意味するのではなく、避難階から数えた階数が5以上、6以上と考えられる。そのため、斜面地等で、3階が避難階となる建築物の5階から3階までにしか通じない直通階段は、避難階段とする必要はない

避難階が複数あるケース

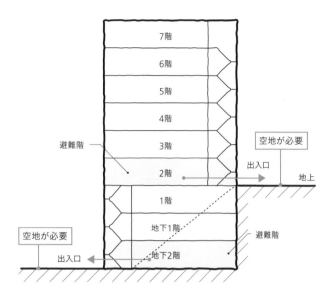

耐火構造の耐火時間の算定

❶ 部分的に階数が異なる場合の耐火性能

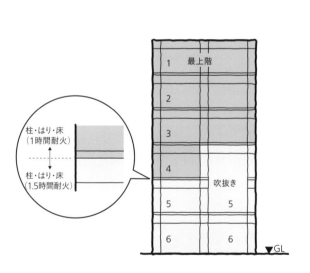

凡例 ▨:最上階および最上階から数えて階数4
　　　□:最上階から数えた階数が5階以上

地上3階の床は、最上階から数えて階数4となるが、その床を支えているはりは、最上階から数えた階数5として扱う

❷ エキスパンションジョイントがある場合の耐火性能

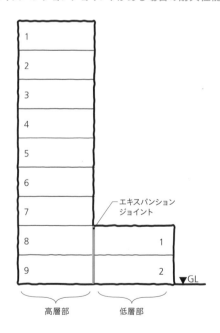

エキスパンションジョイントがあり、低層部の一部が構造的に別々のものであり、避難に支障がない場合であれば、各部分で別々に耐火性能を算定することができる

※4：避難上、最も安全性の高い階であるために、一般的にはその階からさらに階段等を介さないで地上へ避難できなければならない。しかし、通常の住宅や共同住宅等も、防湿のために1階が通常の地盤より50cm～1m高くなっている。これらのことから、多少であれば、階段等を介することもやむを得ないと考えられる

床面の地中埋設率で地階の可否を判定

　地階については令1条2号で「床が地盤面下にある階で、床面から地盤面までの高さがその階の天井の高さの1／3以上のもの」と定義されている。

　地階は地上階と比較し、制限が強化されているものと緩和されているものがある。

　地階に設けられた居室からの階段幅等の寸法は、地上階のものより強化されている。これは、地階に存する人が避難時において階段を登って避難しなければならないことを考慮したものと考えられる。

　一方、緩和される制限としては、地階を有する住宅の容積率緩和や、地階に設けられる物置等の階数への算定基準がある。

　法48条の用途規制で示されている階も、地上階を指すため、斜面地等にある建築物で一部が埋設されてい

る場合、埋設部分に存する階が地階になるかどうかは建築計画に大きな影響を与えるため、その判断には注意を要する。

　通常、地階であるかどうかは1つの階全体で判定し、部分的な判定は行わない。具体的には、①床が地盤面下にある階かを判断する、②床面からの地盤面までの高さがその階の天井の高さの1／3以上になるかどうかを検討する、という手順で判定を行う。

　このうちの①については、床の一部が地盤面下にある階で、その床の周長の過半が地盤面より低い位置にあれば、床が地盤面下にある階と判断する。

　また、これとは別に、住宅用途の建築物の地階の容積率緩和の際に、条例で地盤面の位置が決められている場合があるので注意を要する。

地階の判定方式の基本

1 床面から地盤面までの高さが、その階の床面から天井までの高さの1／3以上なら地階（令1条2号）

2 地階の判定における地盤面は法令上の定義がなく、傾斜地や部分的に接する地盤が異なる場合は特定行政庁に確認しておきたい

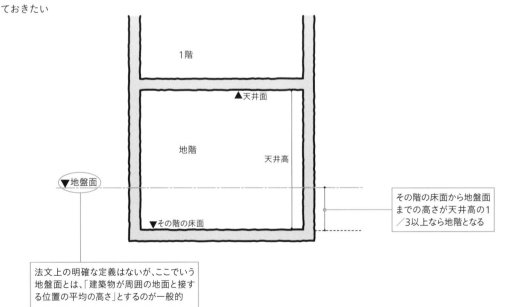

地階の判定方式

❶ 地中部分の床面の周長で地階の可否を仮判定する

令1条2号の文言どおりに地階の判定をすると、常識的には地階といえないような階も地階としてみなすこともできる。このため、次のように床が地盤面下にあるかないかの判定をする

判定方法のポイント
1) 地盤面下の階が複数ある場合は、それぞれ階ごとに判定する
2) 同一階では部分ごとの判定は行わない
3) 建築物の床面の周長のうち、地中にある部分が建築物の床面の周長の1／2を超える場合は、その階の床は地盤面下にあるものと判断する

凡例 ▨：地面に埋まっている部分

イ)モデル(断面図)

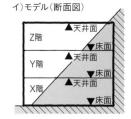

ロ)判定方法の基本(平面図)

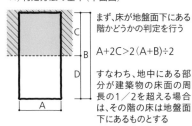

まず、床が地盤面下にある階かどうかの判定を行う

$A+2C>2(A+B)÷2$

すなわち、地中にある部分が建築物の床面の周長の1／2を超える場合は、その階の床は地盤面下にあるものとする

ハ)モデルの各階判定図(平面図)

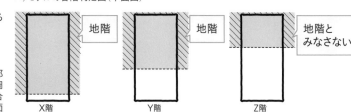

モデル図X階およびY階は、地中にある部分が建築物の床面の周長の1／2を超えるので地階と判断される。しかし、Z階は地中にある部分が建築物の床面の周長の1／2以下なので、床が地盤面下にないと判定され、これ以降の判定は行われない

❷ 床面から地盤面までの高さの判定およびその階の天井高の 1 ／ 3 以上かで地階の可否を判定する

地盤面は階ごとに平均の高さを算定した水平面とする
階の地盤面の算定＝(地面に接する部分の見付面積の合計／地面に接する部分の長さの合計)

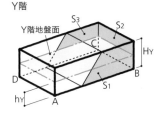

$$h_Y=\frac{S_1+S_2+S_3}{AB+BC+CD+DA}$$

⇩

$h_Y≧\dfrac{H_Y}{3}$であればY階は「地階」とする

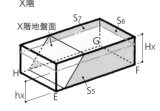

$$h_X=\frac{S_5+S_6+S_7}{EF+FG+GH+HE}$$

⇩

$h_X≧\dfrac{H_X}{3}$であればX階は「地階」とする

注　H_Y、H_Xがそれぞれ3mを超えても3m以内ごとに区分せずに算定する

❸ 床面・天井面の高さが異なる場合の判定

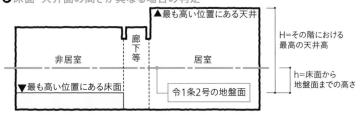

▲最も高い位置にある天井

H＝その階における最高の天井高

h＝床面から地盤面までの高さ

▼最も高い位置にある床面

令1条2号の地盤面

非居室

廊下等

居室

地階の判定を行う階に、異なる床面の位置・天井高がある場合、その階の最も高い位置にある床面から、最も高い位置にある天井面までの高さを天井高として判定する

$h≧\dfrac{H}{3}$であれば「地階」とする

❹ 一般的な算定方法を使うと「地階」になってしまうケース

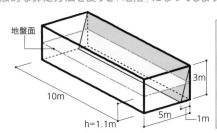

地盤面

10m

5m

3m

1m

h＝1.1m

[一般的な算定方法]

$h=\dfrac{1.5+30+1.5}{5+10+5+10}=\dfrac{33}{30}=1.1$ ‥‥1.1 $≧3m×\dfrac{1}{3}$ならば「地階」となる

[本項の判定方式による算定方法]

① ロ)の「床が地盤面下にあるかの判定」により、床が地盤面下にないとの判定となり、「地階」とならない

階に係る主な制限の早見表

建築基準法では、さまざまな規定で適用条件として、建築物の用途や高さ・床面積だけではなく、建築物の階を示しているものが多い。これは、階数が3以上になると防火避難規定が強化されるためといえる。ただし、階数のみで規定する制限は少なく、その階の用途や床面積の条件と併せて規定している場合がほとんどである。特に、床面積1,500㎡を超える物販店は、他の用途の建物とは異なった規制が適用されるため、注意が必要である。また通常、階に係る制限はその建築物の最下階もしくは避難階から数えるが、耐火建築物に求められる主要構造部の耐火性能は最上階から数えた階数になる。

なお、ここでは、階に係る主な制限内容を階ごとにまとめている。表中の制限内容のなかには、他頁でその部分の算定方法を解説しているものもあるので、併せて確認してほしい。

階数に係る主な制限

階	項目	概要
階数が11以上	冷却塔設備 (令129条の2の6)	①地階を除く階数が11以上である建築物の屋上に設ける冷却塔設備は昭40年建告3411号に適合させる
階数が3以上	柱の防火被覆 (令70条)	①鉄骨造で、地階を除く階数が3以上の建築物(主要構造部を準耐火構造としたものを除く)で一定の柱は防火被覆が必要である
	排煙設備の設置 (令126条の2)	①階数が3以上で延べ面積が500㎡を超える建築物には、排煙設備を設置しなければならない
	非常照明の設置 (令126条の4)	①階数が3以上で延べ面積が500㎡を超える建築物には、非常照明を設置しなければならない
	中間検査の実施 (法7条の3)	①階数が3以上であるRC造等の共同住宅の場合、2階の床およびはりの配筋工事において中間検査を行う必要がある ②各特定行政庁がその地方の事情を勘案して指定する工程も検査対象となる
	特殊建築物等の内装 (法35条の2、令128条の4)	①階数が3以上である建築物で、延べ面積が500㎡を超えるもの建築物は内装制限の規定の対象となる(令128条の4第2項)
	日影による中高層の建築物の高さの制限 (法56条、法別表第4)	①第一種低層住居専用地域、第二種低層住居専用地域、田園住居地域内又は用途地域の指定のない区域の建築物で軒の高さが7mを超える建築物又は地階を除く階数が3以上の建築物は日影規制の対象となる
	給水、排水その他の配管設備の設置及び構造 (令129条の2の4)	①地階を除く階数が3以上である建築物、地階に居室を有する建築物又は延べ面積が3,000㎡を超える建築物に設ける換気設備等の風道等は、不燃材料で造ること(同条1項6号)
階数が2以上	特殊建築物等の内装 (法35条の2、令128条の4)	①階数が2で延べ面積が1,000㎡を超えるもの(又は階数が1で延べ面積が3,000㎡を超えるもの)は内装制限の規定の対象となる(令128条の4第3項)

階に係る主な制限（15階）

階	項目	概要
15階以上	歩行距離（令120条） [関連：116頁]	①15階以上の階の居室の直通階段までの歩行距離は、内装仕上げを不燃材料または準不燃材料としても令120条の表の数値通り（同条2項）
		②15階以上の階の居室の直通階段までの歩行距離は、内装仕上げを不燃材料または準不燃材料でした場合以外は、令120条の表の数値より10を減じる（同条3項）
	特別避難階段 （令122・123条） [関連：50頁]	①15階以上の階または地下3階以下の階に通ずる直通階段は、特別避難階段としなければならない。ただし主要構造部が耐火構造で、全階（階段等を除く）が100㎡区画（共同住宅は200㎡区画）されている場合を除く（令122条1項） ②床面積の合計が1,500㎡を超える物販店の5階以上の売場に通ずるものはその1以上を、15階以上の売場に通ずる直通階段は、すべてを特別避難階段としなければならない（令122条3項） ③15階以上の階または地下3階以下の階に通ずる特別避難階段で15階以上の各階または3階以下の各階における階段室およびバルコニーまたは付室の床面積の合計は、各居室の床面積の8%（物販店等）、3%（その他）の合計以上としなければならない（令123条3項12号）

階に係る主な制限（11・6階）

階	項目	概要
11階以上	防火区画 （令112条7〜9項） [高層区画)][図1]	①11階以上の部分（耐火構造の壁・床、特定防火設備で区画された階段室除く）で壁（1.2m以下の部分を除く）・天井の下地・仕上げを不燃材料とし、耐火構造の壁・床・特定防火設備（常時閉鎖式または随時閉鎖式で熱感知器、煙感知器、温度ヒューズもしくは熱煙複合式感知器連動自動閉鎖）で区画したものは500（※ 1,000）㎡で区画する（同条9項） ②11階以上の部分（耐火構造の壁・床、特定防火設備で区画された階段室を除く）で壁（1.2m以下の部分を除く）・天井の下地仕上げを準不燃材料以上とし、耐火構造の壁・床・特定防火設備（常時閉鎖式、または随時閉鎖式で熱感知器、煙感知器、温度ヒューズもしくは熱煙複合式感知器連動自動閉鎖）で区画したものは200（※ 400）㎡で区画する（同条8項） ③11階以上の部分（耐火構造の壁・床、防火設備で区画された階段室を除く）で、上記①、②以外の場合は100（※ 200）㎡で耐火構造の壁・床・防火設備（常時閉鎖式、または随時閉鎖式で熱感知器煙感知器、温度ヒューズもしくは熱煙複合式感知器連動自動閉鎖）で区画（同条7項） ※はスプリンクラー等の自動消火設備を設置した場合
6階以上	2以上の直通階段 （令121条） [関連：49頁]	①6階以上の階で居室を有するものは2以上の直通階段の設置が必要 ただし、劇場等・大規模（≧ 1,500㎡）物販店・キャバレー等・病院等以外の用途で居室の床面積の合計が100（※ 200）㎡以下の階で屋外避難階段（特別避難階段）および避難上有効なバルコニーを設けたものは1直通階段でもよい（同条1項6号イ） ※は主要構造部が準耐火構造以上であるか不燃材料で造られている建築物の場合（同条2項）

図1　防火区画（高層区画）の例

❶ 500m² （200m²）区画の内容

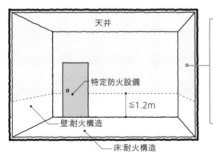

壁・天井の室内に面する部分の下地、仕上げは不燃材料、200m²区画の場合は準不燃材料（床から1.2m以下の部分、廻り縁、窓台等を除く）

❷ 100m² 区画の内容

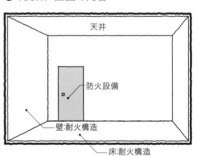

階	項目	概要
5 階以上	2 以上の直通階段の設置（令 121 条）[関連：49 頁]	①5 階以下の階でも居室の床面積の合計が 100㎡（※ 200㎡）[避難階の直上階は 200㎡（※ 400㎡）]を超えるものは 2 以上の直通階段の設置が必要（令 121 条 1 項 6 号ロ） ただし、劇場等・大規模物品販売等・キャバレー等・病院等共同住宅等以外の用途に限る ※は主要構造部が準耐火構造であるか不燃材料でつくられている建築物の場合（同条 2 項）
	避難階段の設置（令 122 条）	①5 階以上の階又は地下 2 階以下の階に通ずる直通階段は避難階段又は特別避難階段としなければならない
	避難階段の設置（令 122 条）物	①床面積の合計が 1,500㎡ を超える物販店の 5 階以上の売場に通ずる直通階段の 1 以上を特別避難階段としなければならない（同条 3 項）
	屋上広場（令 126 条）	①建築物の 5 階以上の階を百貨店の売場とする場合、避難の用に供することができる屋上広場を設けなければならない（同条 2 項）
	屋上広場の設置（令 126 条）	①5 階以上の階を百貨店（物販店）の売場の用途に供する場合には、避難用の屋上広場を設置しなければならない（同条 2 項）
	用途地域（令 130 条の 5 の 4）	①第 1 種中高層住居専用地域において、税務署・警察署・保健所・消防署等の用途でも 5 階以上の階に設けてはならない（同条 1 号）
	上空通路（令 145 条）	①建築物の 5 階以上の階に設けられる上空通路で避難施設として必要なものは道路内の建築が許可される対象となる（同条 2 項 2 号）

階に係る主な制限（3 階）　　　　　　　　　　　　　　　　　　凡例　物：大規模物販店にかかる規制

階	項目	概要
3 階以上	耐火建築物の要求（法 27 条）	①法別表第 1 に記載されている用途は耐火建築物としなければならない（倉庫は 3 階部分の床面積が 200㎡ 以上の場合）
	防火区画（令 112 条 11 項[竪穴区画]）	①主要構造部を準耐火構造または特定避難時間等防止建築物とし、かつ地階または 3 階以上の階に居室を有する建築物は、吹抜きとなっている部分、階段部分、昇降機の昇降路の部分をその他の部分と準耐火構造の壁・床、防火設備（常時閉鎖式、または随時閉鎖式で煙感知器連動かつ遮煙性能があるもの）で区画
	直通階段の設置（令 120 条）	①戸建住宅であっても、3 階以上の居室からは直通階段を設置しなければならない
	避難階段の設置（令 122 条）物	①3 階以上の階を物販店とする建築物は、2 以上の直通階段を設置し、これを避難階段または特別避難階段としなければならない（同条 2 項）
	非常進入口の設置（令 126 条の 6）	①高さ 31m 以下の部分にある 3 階以上の階には、非常用の進入口を設置しなければならない
	用途地域	①住居系用途地域内における店舗、事務所、自動車車庫の用途を 3 階以上の階に設けてはならない（用途地域によって制限が大きく異なるため、詳しくは法別表を参照のこと）

階に係る主な制限（2 階）

階	項目	概要
2 階以上	屋上広場等（令 126 条）	①屋上広場又は 2 階以上の階にあるバルコニー等の周囲には、安全上必要な高さが 1.1 メートル以上の手すり壁、さく又は金網を設けなければならない（同条 1 項）

地階に係る主な制限

階	項目	概要
地階	地階における住宅等の居室 （法29条）	①住宅の居室、学校の教室、病院の病室又は寄宿舎の寝室で地階に設けるものは、壁及び床の防湿の措置その他の事項について衛生上必要な政令で定める技術的基準に適合するものとしなければならない
	階段 （令23条）	①居室の床面積の合計が100㎡を超える地階への階段および踊場の幅は120cm以上、けあげは20cm以下、踏面は24cm以上とする
	廊下の幅 （令119条）	①3室以下の専用のものを除き、居室の床面積の合計が200㎡（地階にあっては、100㎡）を超える階におけるものの廊下の幅は両側に居室がある場合は1.6m以上、その他の廊下の場合は1.2m以上とする
	物品販売業を営む店舗における避難階段等の幅 （令124条）物	①各階の避難階段等の幅の合計は、その直上階以上の階（地階にあっては、その階以下の階）のうち床面積が最大の階における床面積100㎡につき60cmの割合で計算した数値以上とすること（同条1項1号） ②各階の難階段及等に通ずる出入口の幅の合計は、各階ごとにその階の床面積100㎡につき、地上階にあっては27cm、地階にあつては36cmの割合で計算した数値以上とすること（同条1項2号）
	特殊建築物等の内装 （法35条の2、令128条の4）	①地階又は地下工作物内に設ける居室その他これらに類する居室で法別表第1（い）欄(1)項、(2)項又は(4)項に掲げる用途に供するものを有する特殊建築物（令128条の4　1項3号）

最上階から数えた階に係る主な制限

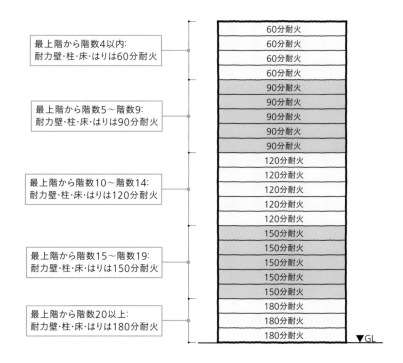

最上階から階数4以内：
耐力壁・柱・床・はりは60分耐火

最上階から階数5〜階数9：
耐力壁・柱・床・はりは90分耐火

最上階から階数10〜階数14：
耐力壁・柱・床・はりは120分耐火

最上階から階数15〜階数19：
耐力壁・柱・床・はりは150分耐火

最上階から階数20以上：
耐力壁・柱・床・はりは180分耐火

索引

著者プロフィール

ビューローベリタスジャパン株式会社

建築認証事業本部

ビューローベリタスは、1828年にフランス船級協会として発足し、現在約84,000人の従業員が140カ国で業務を展開する世界最大級の第三者民間試験・検査・認証機関である。「リスクの特定、予防、マネジメント、低減に貢献する」というミッションのもと、資産・プロジェクト・製品・システムの適合性確認を通じて、品質、健康、安全、環境保護および社会的責任分野の課題に取り組む顧客を支援。リスクの低減、パフォーマンス向上、持続可能な発展の促進につなげる革新的なソリューションを提供してきた。

日本国内における建築認証については、2002年に業務を開始。現在全国13カ所を拠点に、確認申請、性能評価、住宅性能評価、試験業務、建築物省エネルギー性能表示制度（BELS）評価、建築士定期講習を中心に、構造計算適合性判定、建築物エネルギー消費性能適合性判定、適合証明、住宅瑕疵担保責任保険業務、土壌汚染調査のほか、仮使用認定、技術監査、テクニカル・デューデリジェンス®（エンジニアリングレポート）、建築基準法適合状況調査といったソリューション業務を展開している。

今回は以下のスタッフが執筆・監修した

建築確認審査部　技術部

本多　徹 ［ほんだ・とおる］

渡邊仁士 ［わたなべ・ひとし］

確認申請
［面積・高さ］算定ガイド
第 2 版

2024 年 1 月 31 日　　初版第 1 刷発行

著者　　　ビューローベリタスジャパン株式会社
　　　　　　建築認証事業本部

発行者　　三輪浩之
発行所　　株式会社エクスナレッジ
　　　　　　〒 106-0032
　　　　　　東京都港区六本木 7-2-26
　　　　　　https://www.xknowledge.co.jp/

編集　　　TEL 03-3403-1381
　　　　　　FAX 03-3403-1345
　　　　　　info@xknowledge.co.jp
販売　　　TEL 03-3403-1321
　　　　　　FAX 03-3403-1829